KB037618

하루에 하나씩 바꾸는 생각과 행동

운명수업

하루에 하나씩 바꾸는 생각과 행동

운명수업

주역 周易 연구 50년
김승호

동학사

Contents

1

나쁜 운명은 고쳐야 한다

2

스스로 주저앉아 망하는 법

3

떠나간 운도 돌아오게 하는 법

4

인간에게는
운명을 거스를 자유가 있다

주역 괘상으로 밝히는
사람의 행위와 운명의 뜻

우리는 누구나 매일 새로운 운명을 접하며 살아간다. 운명은 마치 영화의 한 장면처럼 지나가고, 새로운 장면이 계속 이어진다. 어떤 사람은 운명을 아예 믿지도 않지만 그 사람에게도 운명은 어김없이 찾아오는 것이다.

운명이란 오래 전에 만들어져 태어날 때부터 시작되는데, 어떤 운명은 일생 중에 만들어져 일생 중에 나타나기도 한다. 이 책의 주제가 바로 이것이다.

사람은 자기도 모르게 한 일이 행운을 가져올 때도 있고 큰 불행을 가져올 때도 있다. 이런 일은 우리 인생에 아주 빈번하다. 어느 누구도 지금 현재 자신이 처한 상황을 미리 계획해서 만들지는 않았을 것이다. 살다보니 그렇게 되었을 뿐이다. 그러나 실은 우리가 만들어낸 운명인 것이다.

이 책에서는 운명이 발생하고 전개되는 것을 상세하게 추적하고 있다. 사람은 순간순간을 살면서 자신이 한 일이 운명적으로 무슨 뜻이 있는지 신경 쓰지 않는다. 그러나 세상만사에는 뜻이 있는 법이다. 이러한 문제는 주역에서 다루는 징조라는 것인데, 바로 그 징조를 보고 미래를 어느 정도

8

예측할 수 있다.

　이 책은 인간의 모든 행위가 각각 만들어낼 운명을 논하고 있다. 공자는 말한다. 군자가 가장 두려워하는 것은 천명(운명)이라고…. 삼가 두려워하며 행실을 바르게 해야 할 것이다.

이 책은 모든 행위에 주역의 괘상을 빌려 설명하고 있는데, 그것은 운명의 뜻을 보다 쉽게 이해시키기 위해서다. 인간의 행동에는 운명적으로 숨겨진 뜻이 있고, 이 책은 그 뜻을 밝히고 있다. 그래서 '운명수업'이란 제목이 붙어 있거니와, 누구나 읽고 운명을 쉽게 다룰 수 있기를 희망한다.

　또한 이 책은 주역의 괘상을 공부하는 데 활용해도 좋다. 주역은 만물의 뜻을 밝히는 학문인 바, 이 책에서는 많은 예를 다루고 있다. 일반 독자들은 그저 편하게 읽으면 된다. 문제는 운명이 어떻게 발생하는가인데, 이 책을 읽으면서 확연히 깨닫게 될 것이다.

　여러분들이 모두 행복한 인생을 만들어내길 간절히 기원한다.

1

나쁜 운명은
고쳐야 한다

나쁜 운명과
질병은 닮았다

질병도 나쁜 운명도 고쳐야 한다

●   얼마 전 우리 사회는 괴질인 메르스 공포에 휩싸였었다. 감염 경로가 밝혀지지 않은 상태에서 환자수가 급격히 늘어난 것이다. 메르스가 사막의 낙타로부터 사람에게 옮아 우리나라에까지 전파된 것은 분명한데, 사람한테서 직접 옮는지 아니면 공기 중에 퍼져나가는지 감염 과정이 뚜렷하지 않았다.

메르스가 급속도로 번지는 것이 너무나 기이하여 별의별 생각이 다 들었다. 심지어 귀신이 옮기는 것은 아닐까 생각될 정도였다. 예전 같으면 괴질은 으레 귀신이 전한다고 믿었을 것이다. 하지만 문명의 발달은 미신을 몰아냈다. 괴질의 정체는 바이러스임이 밝혀진 것이다. 다만 이것이 어떻게 전염되는지는 알 수 없었다.

그래서 공포가 더욱 확산되었는데, 정부 당국은 일단 예방대책을 내놓았다. 손을 자주 씻고 마스크를 착용하며 환자와 접촉을 피하라는 것이다. 그럴듯한 대책이지만 모든 질병을 그런 식으로 예방한다. 딱히 메르스만 그렇게 예방하는 것이 아니라는 뜻이다.

예방은 어쨌든 좋다. 정작 문제는 치료법이 없다는 것이다. 우리나라에서 메르스에 감염된 사람의 19%가 사망했다. 이는 아주 높은 사망률이다. 그러니 제발 걸리지만 않기를 바랄 뿐이다. 메르스에 걸리고 나서 그 19%에 해당되지 않기를 바라는 것은 위험부담이 너무 크다. 그래서 무섭다. 사실 확실한 치료법이 없는 한 치사율이 낮다고 해도 안심할 수는 없다. 가령 10%의 치사율이라 해도 공포는 여전하다.

메르스 공포가 절정에 달했을 때 사람들은 자신이 운이 좋아 메르스에 걸리지 않기를 희망했었다. 그런데 운이 나빠서 메르스에 걸린다면? 이때는 좋은 운이 있어서 기적같이 메르스가 치료되기를 바랄 수밖에 없을 것이다.

나쁜 운명과 질병은 닮은 점이 많다. 사람들은 태평하다가 병에 걸리게 된다. 그럴 수밖에 없다. 그 많은 병들을 어찌 다 예방할 수 있으랴! 그냥 살다가 병에 걸리는 것이다. 나쁜 운명도 이와 크게 다르지 않다. 살다보니 어느 날 갑자기 나쁜 운명의 늪에 빠져들게 된다.

그렇지만 둘 다 고쳐야 한다. 병은 대개 고칠 수 있고 고치기 위해 노력한다. 나쁜 운명은 어떨까? 마찬가지다. 운명이 나쁘면 거기서 벗어나기

위해 방법을 찾아야 한다. 병이든 나쁜 운명이든 고친다는 것이 중요할 뿐
이다. 우리는 고치는 능력을 필사적으로 개발해야 한다.

병든 운명을
어떻게 아는가?

● 　　　　　　　　　　　　　　운명이 무엇인지는 잠시 덮어두자. 운명 치료가 급하기 때문이다. 의사들은 치료를 최우선으로 하는데, 그들이라고 해서 몸에 대해 다 알고 있는 것은 아니다. 하지만 의사들은 병든 몸은 잘 알고 있다. 우리는 운명에 대해서도 같은 이치로 생각할 수 있다.

즉, '운명이란 무엇인가?'란 질문은 매우 난해한 개념인데 비해 병든 운명은 쉽게 이해된다. 예를 들어 어떤 사람이 사고가 잦고, 하는 일마다 안 되고, 공연히 시비에 휘말리고, 계속 사기를 당하고, 오해를 받고, 법정에 서고, 걸핏하면 계획이 어긋나거나 뒤차가 들이받는 등 나쁜 일이 연속되면 이는 운명일 수밖에 없는 바, 그중에서도 병든 운명인 것이다.

우리 몸의 경우 평소와 달리 불편한 것이 오래가면 의사는 병으로 진단한다. 이렇듯 몸을 몰라도 병은 알 수 있고, 운명이 뭔지는 몰라도 병든 운명은 알 수 있다.

이제 운명이란 무엇인지, 그리고 삶과 운명이 어떻게 다른지 답을 찾고 싶을 것이다. 차분히 생각해보자. 자고, 먹고, 걷고, 차 타고, 미끄러지고, 그릇을 엎어뜨리고, 국물을 흘리고, 출근하고, 놀러가고 하는 등은 운명이 아니다. 그것은 삶이라고 말하거니와, 굳이 운명이라 말해서는 안 될 것이다.

    개념을 분명히 해두어야 일처리가 쉬운 법이다. 간단히 말해 지나친 것은 운명이라고 말해도 무방하다. 우리 몸도 무엇인가 지나친 현상이 일어나면 병이라고 봐야 하지 않겠는가! 여기서 자주 몸과 운명이 비교되는데, 이는 서로가 아주 비슷한 개념이기 때문이다. 급할 것은 없다. 일부러 이해하려고 애쓸 필요도 없다. 자연스럽게 이해될 때를 기다려보자.

    어떤 사람이 있다. 이 사람이 발가락을 다쳐 병원에 가는 도중에 자동차에 부딪혔다. 자그마한 발가락의 상처가 교통사고로 커져버린 것이다. 이는 운명이 아닐 수 없다. 하필 그 병원엘 갔는가! 왜 그 시간에 갔는가? 병든 운명은 이런 것이다.

운명은 있는가?

원인에 의해 결과가 생기듯 운명이 만들어진다

●   도대체 운명이란 무엇일까? 일부러 어렵게 생각할 것이 없다. 그저 어떤 현상이 일어나도록 예정되어 있으면 그것이 바로 운명이다. 예를 들어 2018년에는 월드컵 경기가 열리게 되어 있는 바, 그것을 운명이라고 해도 된다. 내년에도 광복절 행사가 열리게 되어 있는데, 이는 내년 8월 15일의 운명이다.

우리가 사는 세상은 수많은 것이 예정되어 있다. 예정된 현상은 천지 대자연의 가장 기본적 개념이다. 이것을 자연과학에서는 시간의 흐름이라고 말하는데, 시간의 흐름에는 일정한 방향이 존재한다. 일요일 다음에 월요일이 온다거나 정확히 1년 후 같은 계절이 온다거나 월급날에 급여를 받게 되는 것 등을 말한다.

물론 운명은 좀더 심오한 개념이지만, 큰 틀에서 보면 자연현상 그 자체가 바로 운명이다. 시간의 흐름은 원인에 의해 결과가 이어지는 것을 뜻하는데, 원인과 결과의 시간 간격이 항상 같지는 않다. 예컨대 유리창에 돌을 던지면 즉시 깨지지만, 죄를 지으면 한참 후에나 그 벌을 받게 된다.

사람들은 즉각적인 것은 시간 현상이라고 하고, 오랜 후에 천천히 발생하는 결과는 운명이라고 생각한다. 사실 그렇게 생각하는 것이 운명의 정의에 잘 들어맞는다. 우리는 여기서 천천히 일어나도록 예정되어 있는 것을 운명이라고 정의해두자. 원인은 몰라도 좋다. 결과적으로 예정되어 있으면 바로 그것이 운명인 것이다.

예를 들어 유전적으로 반드시 일어날 병도 있는데, 그것은 확실히 운명이라고 말해야 한다. 우리가 예정된 그 어떤 것을 피해갈 수 있느냐는 또 다른 문제다. 지금은 운명이란 있는가를 묻고 있는 중이다.

운명은 있다! 만약 운명이란 것이 없다면 시간 현상이 과거와 연관이 전혀 없이, 즉 예정 없이 제멋대로 도깨비처럼 일어난다는 것인데, 이래서는 세상이 유지될 수 없다. 애당초 세상이 생겨날 수도 없었을 것이다. 운명이란 원인에 의해 결과가 생긴다는 개념과 결코 다르지 않다.

자연현상은 시간적으로나 공간적으로 서로 연계되어 일어나기 때문에 운명이 없으면 우주도 존재할 수 없게 된다. 우주가 유지되는 것은 원인이 있어서인데, 원인에 결과가 따르지 않는다면 원인이라고 말할 수조차 없다.

자연현상, 그리고 우리의 인생은 원인과 결과로 끝없이 이어지고 있다. '콩 심은 데 콩 나고 팥 심은 데 팥 난다'는 옛말은 시간이 흐르는 이유를 잘 설명하고 있는 바, 이는 운명을 옳게 해석한 것이다. 운명이 없으면 인생도 없다. 또한 인생이 있으면 운명이 있는 것이다.

물론 운명을 쉽게 알 수 있는 것은 아니다. 그렇다고 운명이 없다고 말해서는 안 된다. 그렇게 말하는 것은 자연현상이 이유 없이 제멋대로 발생한다고 주장하는 것과 같다. 그래서 자유스러울 수는 있을지 모르겠다. 하지만 세상은 아무런 의미가 없게 된다.

　내일 아침에 일어나면 서울이 다 사라지고 없을 수도 있다고 굳이 말해야겠는가! 세상은 운명이 있어서 합리적으로 존재할 수 있는 법이다. 내일은 그렇게 되어야 할 이유가 있는 것이다. 우리의 인생도 그렇게 된 원인이 있고 미래도 마찬가지다.

　'운명이 있는가'라고 묻는 것은 '현재 세상이 있는가?'라고 묻는 것과 전혀 다르지 않다. 공연한 생각에서 벗어나 미래가 어떻게 오는가를 연구할 일이다.

운명은이미
시작되고있다

운명은 보이지 않는 곳에서 준비하고 있다

●　　　　　　　　　　지금으로부터 50여 년 전 이야기를
잠깐 해보자. 어릴 적 나는 개구리참외 하나를 얻었는데, 모양이 너무 예
쁘고 신기해서 먹어치우지 않고 보관했었다. 그것도 책상 위에 올려놓고
수시로 바라보곤 했다.

　어느 날이었다. 여름 밤에 창문을 열고 자고 있었는데 어디선가 '퍽' 하
는 소리가 들려왔다. 시원하고 뭔가가 풀리는 듯한 소리였다. 잠결에 무슨
소리일까 잠깐 생각했지만 창 밖에서 들려오는 온갖 소리 정도로 이해했
다. 다시 잠을 청하려는데 또다른 소리가 들렸다. '주르륵….' 이번엔 물이
흘러내리는 소리였는데, 책상 위에서 들려온 것이 분명했다.

　재빨리 일어나 책상을 보니 흥건히 젖어 있고, 개구리참외가 터져 있

었다. 나는 물을 닦을 생각도 하지 않고 상황을 살펴봤다. 퍽 하는 소리는 참외가 터진 소리였고, 주르륵 흐르는 소리는 그 속에서 물이 나오는 소리였다. 참외가 오래되다 보니 속으로 곪아터진 것이었다. 그 동안 겉으로 보이지는 않았지만 속으로는 물러 터지고 있었던 것이다. 참외 껍질이 두꺼워서 멀쩡해 보이다가 어느 순간 일시에 터져버린 것이었다.

지풍승

나는 참외를 치울 생각을 하지 않고 한참 동안 그 모습을 바라보았다. 그리고는 저절로 웃음이 터져 나왔고, 그 광경을 평생 잊지 않고 기억하고 있다. 나는 어떤 깨달음을 얻은 것이다. 보이지 않는 속에서 진행되는 자연현상! 그것은 어느 날 밖으로 드러나지만, 실은 오랫동안 준비된 것이다.

우주 대자연의 현상은 이런 식으로 진행된다! 주역의 괘상에 **지풍승**(地風升)이 있는데, 이는 보이지 않는 곳에서 준비하고 있다는 뜻이다. 즉, 땅속에서 씨앗이 작용을 하고 있다는 의미다.

우리의 인생도 어느 날 일이 벌어지지만 그것은 갑작스러운 것이 아니다. 보이지 않게 숨겨진 채 이미 계속 진행되고 있었던 것이다. 운명도 이렇게 다가온다. 내면에서 꾸준히 진행되고 있던 것이 임계점에 도달하면 밖으로 그 모습이 드러난다. 운명이란 오랫동안 준비되는 것이다. 누적되다가 견딜 수 없게 되면 상전이(相轉移)를 일으킨다.

어느 날 무슨 일이 발생할 것인가? 갑자기 오는 것이 아니다. 지금 이미 수

많은 것이 진행되고 있는 것이다. 사람이 그것을 보지 못할 뿐이다. 무엇이 지금 진행되며, 그것은 언제 드러날까? 공자가 천명을 두려워했던 것은 이런 까닭이다. 천명은 우리가 미리 볼 수 없기 때문에 두려운 것이다.

삼가 조심해야 한다. 은밀한 곳에서 쉬지 않고 꾸준히 준비되고 있는 우리의 운명, 그날의 깨달음 이후 나는 운명이 오는 모습을 보고자 노력해 왔다. 어느 날 어느 운명이 들이닥칠까? 그 운명은 이미 시작되고 있다. 잘 생각하고 또한 잘 살펴야 할 것이다. 그리고 들어야 한다. 운명이 오고 있는 소리를!

운명의 여러 모습

●   운명에 대해 본격적으로 이야기하기 전에 먼저 비슷비슷한 말들의 뜻부터 확실하게 짚고 넘어가려고 한다. 그저 운이란 말이 있고, 운명이란 말도 있다. 또 천명이나 숙명이라는 말도 있고, 운세라는 말도 있다. 이 단어들은 모두 같은 말일까, 아니면 다른 말일까? 이들 단어의 뜻과 서로의 차이점을 알아두면 분명 운명의 구조를 이해하는 데 도움이 될 것이다.

먼저 운(運)이라는 단어를 보자. 이는 단순히 미래를 이야기하는 것이다. 미래는 다 운일 뿐이다. 특별한 의미는 없다. 우리는 지나간 일을 역사라고 하고, 앞으로 올 일은 운이라고 표현한다. 역사의 반대말이 바로 운이

24

다. 운이 남아 있다는 말도 별 게 아니라 미래가 아직 남아 있다는 간절한 표현일 뿐이다.

다음으로 운명(運命)이란 단어를 보자. 이는 정해져 있는 특정한 미래를 일컫는 말이다. 막연히 앞날을 이야기할 때는 운이라고 말하지만, 특정된 일이 반드시 일어날 것이라면 운명이 그렇게 되어 있다고 말해야 한다. 보통 운에 맡기자고 하면 이는 될 대로 되라는 표현일 뿐이다. 주사위를 던질 때 어울리는 말이다. 설마 주사위도 미리 정해져 있다고 말하지는 않겠지…!

운명은 주사위를 던질 때와는 판이하게 다르다. 운명은 확률에 의해 발생하는 것이 아니다. 콩 심은 데 콩이 나는 것이 운명이다. 콩을 심었는데 팥이 날 운명이 있겠는가!

숙명(宿命)이라는 단어를 보자. 이는 운명이 아주 강할 때 사용하는 단어다. 태어날 때 고향이 어디라든가, 성씨가 어떻다든가, 단명할 것이라든가 등등이 숙명이다. 숙명적이라는 말은 강한 운명이어서 피해갈 수 없다는 뜻이다. 운명은 바꿀 수 있으나 숙명은 바꾸는 게 쉽지 않다.

천명(天命)은 어떤가? 이는 숙명보다 훨씬 강한 것이어서 절대로 바꿀 수 없는 것이다. 천명이 과연 어떤 것인가를 정확하게 꼬집어 말할 수는 없다. 천명은 숙명과 비슷한 단어이기 때문이다. 그러나 굳이 천명의 예를 들자면, 나는 나 자신의 몸이 천명이라고 말하고 싶다. 이것이야말로 가장 강한 나의 운명인 것이다.

끝으로 운세(運勢)라는 단어를 보자. 이는 운의 모양을 말한다. 예를 들어
보자. 어떤 사람이 장차 이혼할 운명이라고 하자. 이럴 때 왜 이혼하게 되
느냐가 운세다. 운세가 나쁘면 나쁜 운명이 되고, 운세가 좋으면 좋은 운
명이 된다. 운세의 귀결점이 바로 운명이고 또한 운명의 시작이 운세다.
운세는 징조하고도 통하는 말이다. 운명이 조금 보일 때 운세가 나타났다
고 표현한다.

이제까지 설명한 단어들을 잘 음미해보면 인생이 흘러가는 의미를 이해하
는 데 도움이 될 것이다.

모든 것이
운명인가?

●   고대 인도의 철학자 중에 운명절대론
자가 있었다. 그는 모든 것이 운명이라는 자신의 이론을 전파하고 다녔는
데, 그 이론에 의하면 자신이 무슨 짓을 하든 그것은 운명에 의한 것이니
아무런 책임이 없다는 것이었다. 자신이 이런 말을 하고 다니는 자체도 운
명이고, 하루에 몇 발자국을 걷든 몇 숟가락의 밥을 먹든 먼지가 어떻게 날
리든 빗방울이 어디에 떨어지든 모든 것이 운명이라는 것이다.

참 편한 생각이다. 모든 것이 될 대로 되라는 식이니 오늘날 노숙자와
다를 바 없다. 실제로 그 철학자는 노숙자 노릇을 하다가 어디 가서 죽었는
지 알 길이 없다.

그런데 과연 모든 것이 운명일까? 이 문제에 관해선 오늘날 과학에서도 깊은 연구가 있었다. 결론을 말하자면 미래는 불확정적이라는 것이다. 다른 말로 우연이라는 것이다. 물론 하나의 현상이 원인이 되어 필연적으로 만들어지는 미래가 분명 존재한다. 하지만 똑같은 현상이라도 똑같은 결과가 만들어지지는 않는다는 것이다.

이것은 베르너 하이젠베르크(Werner Karl Heisenberg)의 불확정성 원리(Uncertainty Principle)로, 오늘날 과학에서 최고 수준의 원리다. 불확정성 원리는 작은 사물일수록 더 크게 적용된다. 말하자면 내일 남산이 그 자리에 있을 것은 알기 쉽지만, 어떤 먼지가 내일 어디에 가 있을지는 모른다는 뜻이다. 물리학에 관한 것이니 깊게 논하지는 말자. 세상사는 운명도 있고 우연도 있는 법이다.

그렇다면 어떤 것이 운명일까? 이 문제를 상세히 이야기해보자. 세상에는 아주 강력한 운명이 있어서 그것을 바꾸기란 매우 힘들다. 예를 들어 제2차세계대전은 우리 인류의 운명이었고, 바꾸기 어려웠다. 이런 운명을 천명이라고 부른다. 삼국지에서 제갈공명이 이런 운명에 처했었는데, 그는 결국 삼국을 통일하지 못했다. 제갈공명은 알면서도 통일을 염원했던 것이다.

천명 다음으로 강한 운명은 숙명이라고 해두자. 이는 한 나라의 대통령이 누가 되느냐와 같이 결정력이 크지만, 천명에 비해서는 작다.

다음에는 우리가 늘 사용하는 단어로 그저 운명이라는 것이 있다. 이는 이혼을 한다거나 국회의원이 된다든지 하는 제법 큰 사건이다. 그러니까 운명은 천명, 숙명, 그리고 그냥 운명이 있다.

그런데 여기에 하나 더 추가할 것이 있다. 준운명 같은 것인데, 바로 성향 같은 것을 말한다. 사업의 실패나 잦은 사고 등이 해당한다. 성향도 거의 운명 같은 것이어서 운명이라고 말해도 될 것이다. 다만 그 강도가 약해서 노력 여하에 따라서는 쉽게 바꿀 수 있다. 어쨌건 그것도 운명이라면 운명이다.

간추려보면 운명은 네 종류가 있는 셈이다. 운명의 강도에 대해서는 뒷장에서 다시 한번 다루겠지만, 여기서는 모든 것이 운명이 아니라는 것만 이해하면 된다.

다행이다! 모든 것이 운명이라면 인생이 얼마나 재미 없을까? 하지만 삶의 에너지가 부족한 사람은 차라리 모든 것이 운명이길 바란다. 이런 사람은 가까이해서는 안 된다. 그 병이 옮을 수도 있기 때문이다. 운명을 개선하는 것을 목표로 살아가는 인생만이 살아 있다고 말할 수 있다.

운명은
얼마나 강한가?

●   이제 우리는 아주 핵심적인 문제에 도달했다. 운명을 개선, 극복 또는 치료하려면 운명의 크기와 강도를 알고 덤벼들어야 한다는 것이다. 쉬운 말로 적을 알고 도전하자는 말이다. 과연 운명은 얼마나 크고 강한가?

이를 실제 사물에 비유해보자. 예를 들어 남산을 보자. 이 산이 내일 거기에 있을까? 있을 것이다. 그렇다면 없앨 수 있을까? 물리적으로 가능성은 있지만 너무 어렵다. 불가능하다고 보는 게 좋을 것이다.

다음으로 큰 돌덩이가 길거리를 가로막고 있다고 생각해보자. 이것이 내일 그 자리에 있을까? 나 혼자선 못 움직일 것이다. 하지만 중장비를 동원하면 이 돌덩이 하나쯤 옮기는 것은 큰 문제가 아닐 것이다. 얼마든지 없앨 수 있는 것이다.

이제 설악산을 생각해보자. 이것이 내일 그 자리에 있을까? 의심할 여지 없이 확실히 있을 것이다. 그처럼 큰 산을 하루 만에 없애기란 불가능하기 때문이다.

운명도 이와 비슷하다. 설악산 같은 운명은 바꾸기가 아주 어렵다. 말하자면 천명이 그렇다. 남산은 어떨까? 없애기 힘들기는 하겠지만 설악산보다는 쉽다. 정부 당국에서 마음만 먹으면 10년 안에는 없앨 수 있을 것이다. 숙명 같은 것이라고 볼 수 있다. 마지막으로 길거리의 돌덩이는 운명 정도라고 보면 된다.

이와 같이 운명의 강도는 서로 다르다. 없앨 수 없는 것, 없앨 만한 것, 없앨 수 있는 것 등 제각각이다. 여기에 덧붙여, 현재 엄연히 존재하지만 그리 어렵지 않게 제거할 수 있으면 그것은 성향이라고 보면 될 것이다.

우리는 운명을 개선할 때 일단 그 크기를 봐야 한다. 설악산처럼 큰 운명이라면 그런 상황에서 살아가는 방법을 터득하면 된다. 그보다 쉬운 운명이라면 없애버리도록 노력해야 한다. 운명은 얼음처럼 저절로 녹는 성질도 있으므로 충분히 도전해볼 만하다.

여기서 옛이야기를 하나 살펴보자. 서산대사와 사명당의 이야기인데, 이들은 주역의 대가였고 운명을 내다보는 힘을 가진 위대한 도인이었다.

어느 날 사명당이 뗏목을 타고 산을 거슬러 올라갔다. 신통력을 발휘한 것이다. 사명당은 적당한 곳에 뗏목을 세워놓고 걸어서 산을 오르기로 했다. 그런데 그곳에 누가 마중을 나와 있는 게 아닌가! 바로 서산대사의 제자였다. 산에 많은 물줄기가 흐르고 있었기 때문에 어느 곳에 뗏목이 멈추는지 알기 어려웠을 것이다. 그런데 서산대사는 정확히 그 지점을 알고 제자로 하여금 마중을 나가게 했던 것이다. 사명당은 속으로 벼르며 서산대사의 도장까지 올라갔다. 마침 서산대사는 문을 열고 나오는 중이었다.

사명당은 손에 참새 한 마리를 쥐고 서산대사에게 물었다. "이 새가 살겠습니까, 죽겠습니까?" 서산대사가 운명을 잘 안다고 하니 새의 운명을 알아맞혀보라는 도전이었다.

서산대사는 껄껄 웃으며 자신도 질문을 하나 던졌다. "내가 이 방을 나가겠습니까, 아니면 들어가겠습니까?"

서산대사의 질문에 사명당은 이렇게 말했다. "내가 먼저 질문했으니 그것에 답하시오."

이 말에 서산대사는 즉시 답해주었다. "스님이 공연히 살생을 하겠습니까! 새는 살 것입니다."

사명당은 고개를 끄덕이며 참새를 놓아주었다.

그러자 서산대사가 말했다. "내 질문에 당신은 아직 답하지 않았소!"

사명당은 이에 답했다. "손님이 왔으니 당연히 밖으로 나가겠지요!"

두 사람은 크게 웃고 담론을 시작했다.

운명이란 유연함이 있음을 보여주는 이야기다. 즉, 운명을 알았더라도 고칠 수 있다는 것이다. 운명은 제각각 크기가 다르고, 그것을 아느냐 모르느냐의 문제가 있을 뿐이다. 나쁜 운명은 그것이 발생하지 않도록 조심하고, 이미 발생한 나쁜 운명은 고치도록 노력하면 된다.

운명은 오래 전에 만들어진 것이 있고 이제 슬슬 만들어지는 것도 있다. 그래서 우리가 항상 몸가짐, 마음가짐, 행실을 주의하는 것이다. 다만, 사람의 능력에 따라 운명과 싸우는 방법이 각각 다를 터인즉, 평소 실력을 길러두어야 한다. 운명에 도전할 수 있는 실력은 분명 돈이나 권력은 아니다. 그 사람의 인간성 자체가 얼마나 위대한가에 따라 운명은 그 앞에서 많게 또는 적게 변할 준비가 되어 있다.

오래된 운명과
새로운 운명

오래된 운명 위에 새로운 운명을 써 나가라

● 　　　　　　　　　세상의 모든 사물 중에 미래가 정해
진 것도 있고, 그렇지 않은 것도 있다. 오랜 세월 변치 않고 늘 그 자리에
그대로 서 있는 큰 산이나 큰 강이 있는가 하면, 우리 같은 현대인들은 하
루하루 바쁘게 변화하는 삶을 살아가고 있다. 변화라는 것은 생명체의 본
질이다. 미래는 어떻게 될지 아무도 모르지만, 우리 인생에는 운명이란 것
이 있어서 미래가 완전히 자유스럽지만은 않다.

운명은 그것을 믿지 않는 사람에게도 반드시 존재하는 법이다. 우리의 몸
을 보라. 태어날 때 이미 유전자가 완성되어 있다. 이로써 우리 몸의 운명
은 어느 정도 정해져 있지 않은가! 이 나라에 태어난 것도 운명이 아닐 수

없다. 우리 민족은 수십 년 전 6.25전쟁을 함께 겪은 바 있다. 미국에서 태어났다면 그런 일은 없었을 것이다. 가난한 집에 태어난 아이도 마찬가지다. 사는 것이 힘겹다. 애초에 재벌집 아이로 태어났다면 사는 게 얼마나 순탄하겠는가! 이 모든 것이 운명이다.

운명은 태어나기 전에 준비되어 있었다. 말하자면 여기가 우리의 베이스캠프인 것이다. 사람마다 베이스캠프는 위치도 다르고 구조도 다르다. 그리고 앞으로 이것은 얼마든지 바뀔 수 있다.

첫 번째 베이스캠프는 우리가 만든 것도 아니고 관여할 수도 없었다. 그것에 의해 우리의 미래가 어떤 특성을 갖게 되었으니, 바로 오래된 운명이다. 우리 앞날의 모든 것이 운명이라는 말은 아니다. 우리의 미래는 자유스러운 것이 분명하다. 우리가 감옥에서 태어나 그곳에서 영원히 살아야 하는 것은 아니기 때문이다. 미래가 자유스럽기 때문에 인생은 살아갈 의미가 있다.

하지만 미래가 자유스럽다고 해서 완전히 자유스러운 것은 결코 아니다. 인생에는 운명이라는 것이 작용하고 있는 것이다.

운명의 영향력이 얼마나 되는지는 딱 잘라 말할 수 없다. 어떤 운명은 지독하게 강할 것이고, 어떤 운명은 그 쪽으로 약간 쏠려 있는 상태일 수 있다. 중요한 것은 운명은 누구에게나 있다는 것이지, 그것이 어떤 것이며 그 강도가 얼마나 센가는 논할 바가 아니다.

운명은 참으로 다양한 것이다. 다만, 우리가 생각해볼 점이 있다. 운명은 한 편의 영화처럼 계속 만들어지고 상영되고 과거로 사라진다. 우리의 운명이 바로 이런 형태이다. 운명은 언제나 만들어질 수 있지만, 과거에 만들어진 운명들은 어쩔 수 없다. 하지만 애쓰면 그것 역시 고칠 수 있다.

그렇다면 과거의 운명과 지금부터 만들 운명 중 무엇이 중요할까? 이것은 사실 문제랄 수가 없다. 우리는 과거의 운명을 발견해야 한다. 다시 말해, 지나간 운명을 잘 살펴서 알아내야 한다.

어떻게? 어렵게 생각할 것 없다. 현재 우리 생활에서 틀에 박힌 것이 있다면 그것이 바로 운명이다. 직장을 10년 다녔으면 그것이 운명이고, 한 동네에서 오래 살았으면 그것이 운명이다. 또한 어떤 사람과 오랜 세월을 알고 지냈으면 그것이 운명이다. 이런 것들은 과거에 만들어진 운명 때문에 현재 실현되고 있는 중이다.

하지만 우리의 미래는 아직 남아 있다. 이 미래는 자유스러운 것과 운명적인 것이 섞여 있다. 오래된 운명은 경계해야 한다. 우리가 모르는 사이에 무엇인가 일어나게 되어 있기 때문이다. 그래서 공자는 군자가 두려워하는 것 중 첫 번째가 운명(천명)이라고 말했던 것이다.

삼가 조심할 뿐이다. 겸손해야 하며 너무 안심하고 있어서도 안 된다. 나쁠 때는 인내심이 필요하지만, 좋은 때라고 해도 위태로움을 염두에 두어야 한다.

우리가 만들어낼 새로운 운명은 오래된 운명에 덧붙여 나아가는 것이다. 누구나 출발점이 있지 않겠는가? 다만 주어진 조건을 꼼꼼히 살펴 의미를 분명히 해두어야 할 것이다. 그래야만 새로운 운명을 만들어갈 수 있는 법이다. 군자는 하늘(운명)을 원망하지 않건만 항상 새로워져야(운명) 하는 것이다.

운명을
관리한다는 것

●   신용을 잃으면 많은 것을 잃고, 건강을 잃으면 모든 것을 잃는다는 말이 있다. 맞는 말이다. 인생에서 건강보다 소중한 것이 무엇이 있으랴! 건강을 잃으면 마침내 목숨마저 잃게 되니 건강은 더할 수 없이 중요하다.

그러나 인생에는 건강보다 중요한 것이 있다. 과연 그것이 무엇일까? 다름 아닌 운명이다. 운명이 나쁘면 단명할 수도 있고, 병들어 오래 고생하다 죽을 수도 있다. 죽어서 후손들에게 원망을 듣거나 살아서 고독하고 불명예스러울 수도 있다. 운명을 잃으면 건강뿐 아니라 모든 것을 잃는 것이니 인생에 이보다 더한 일은 있을 수 없다.

운명이 좋으면 가령 메르스 같은 치명적 전염병에 걸렸다 하더라도 얼

38

마든지 회복될 수 있으며, 죄를 짓고 감옥에 갔어도 사면될 수 있다. 운명이란 모든 것의 근본 열쇠다. 사업도 사랑도 명예도 권력도 운명이 좋으면 술술 풀려 나가는 법이다. 반면 운명이 나쁘면 무슨 일이든 안심할 수가 없다. 공자는 이렇게 말한 바 있다. "군자가 가장 두려워하는 것은 운명(천명)이다[君子有三畏 畏天命]."

그렇기 때문에 우리는 인생을 살면서 그 무엇보다도 운명을 잘 관리해야 한다. 대개 사람은 매사에 그토록 성실하게 노력하건만 운명에 대해서만은 노력을 기울이지 않는다. 운명을 그저 영화의 한 장면처럼 지나가는 것 정도로 이해한다. 그러나 운명이란 그런 것이 아니다. 농사를 짓는 것처럼 뿌리고 잘 가꾸어야 한다. 또한 운명이 잘못되고 있다 싶으면 고치려고 노력해야 한다.

　운명을 관리한다는 것은 생각보다 그리 어렵지 않다. 만일 우리가 어려서 학교를 다니지 않았다면 무식한 사람이 되어 결국에는 남보다 뒤떨어진 사람이 되었을 것이다. 학업에 열심히 매달린 것 또는 부모가 학교를 다니게 해준 것은 다름 아닌 운명을 관리해준 것이다. 가정교육을 통해 좋은 버릇을 길러준 것 역시 좋은 운명으로 이끈 길잡이다.

운명은 애써 관심을 두지 않으면 잡초만 무성한 정원처럼 되어버린다. 정원에 꽃을 심듯이 운명의 길에 꽃을 심어야 하는 것이다. 어떻게 그런 일을 할 수 있느냐고? 운명을 생각하는 것 자체가 운명을 관리하는 것이다. 경건함이 없는 사람은 말한다. 운명이란 없는 것이니 대충 열심히 살면 된다고…. 실은 그렇지 않다. 이런 사람은 하늘에 대해 오만한 사람으로 실수가 많고 재수가 나쁜 법이다.

옛말에 "깊은 연못에 임한 듯하고 살얼음 밟듯 하라[如臨深淵 如履薄氷]"는 가르침이 있다. 삼가 운명 앞에 겸손하라는 뜻이다. 운명을 무시하면 운명도 그 사람을 무시하는 법이다. 좋은 운명을 얻고자 하는 사람은 매사에 철저하고 고귀한 행동을 하며 살아간다.

반면 못돼먹은 사람은 운명에 대해 깔깔대며 비웃는다. 그러다가 나쁜 일이 계속되면 차츰 기가 죽어간다. 이미 운명을 잃고 나쁜 길로 들어선 사람은 인생이 고달프기 짝이 없다. 모든 것을 잃어도 운명이 남아 있다면 아직 희망이 있는 것이다.

운명에도
주인이 있다

하늘은 줄 만한 사람에게 운명을 준다

● B가 말했다. "아무리 노력해봐야 헛일이야. 운명이 좋기만을 바라야 해!"

B는 이것이 자신의 경험담이라고 한다. 이것저것 다 실패하고 나서 느낀 점이라고 한다. 노력이 필요 없다는 것, 운명이나 좋기를 바라야 한다는 것, 그는 누구에게나 그런 의견을 말하고 다닌다.

하지만 그는 틀렸다. 두 가지가 다 틀린 것이다. 노력이 헛일이라는 것이 우선 틀렸다. 예를 들어보자. 축구경기에서 공을 차는데 방향을 제대로 차야 골인이 될 것 아닌가! 엉뚱한 방향으로 아무리 열심히 차봤자 골인이 되지 않는다. 야구도 마찬가지다. 아무렇게나 방망이를 휘두른다고 공이 날아가겠는가? 매사가 그렇다! 열심히 하는 것은 좋지만, 어느 정도 방향이 맞아야 하는 것이다.

이런 이야기가 있다. 한 사람이 가로등 밑에서 열심히 무엇인가를 찾고 있었다. 이를 보고 지나가는 신사가 물었다.

"당신 무엇을 찾고 있소?"

"열쇠를 찾고 있습니다."

"여기에 떨어뜨렸습니까?"

"아니요, 열쇠를 떨어뜨린 곳은 저쪽인데 그곳은 어두워서 밝은 이곳에서 찾고 있습니다."

신사는 고개를 저으며 가버렸는데, 그는 열쇠 찾는 노력을 계속하고 있었다. 이 사람이 열심히 찾는다고 저쪽 어두운 곳에 떨어뜨린 열쇠가 이쪽으로 날아오겠는가! '남의 다리 긁는다'라는 말도 있다. 자기 다리를 못 찾고 아무 다리나 긁는다고 시원할 리 만무하다.

일에는 적중이 필요하다. 노력만 한다고 되는 게 아니다. 노력할 곳에 힘을 집중해야 하는 것이다. B는 제대로 노력한 것이 아니었다. 당연히 실패할 수밖에 없었다. 그래놓고 아무 성과도 없으니 마침내 노력은 필요 없다는 결론에 도달한 것이다. 참으로 바보 같은 사람이 아닐 수 없다. 옆집 문을 두드리면서 애인이 나오지 않는다고 불평하는 꼴이다.

흔히 '번지수를 잘못 찾았다'는 말을 하는데, B가 바로 번지수를 잘못 알았던 것이다. 노력이란 방향이 제대로 되어 있을 때 반복으로써 결실을 얻고자 함인데, 엉뚱한 곳에 노력을 쏟으면 기운만 탕진할 뿐이다. B는 이미 많은 세월과 재산을 탕진했는데, 앞으로는 더 나빠질 것이 틀림없다.

운명이나 기다린다? 이것도 아주 틀린 생각이다. 운명이 기다린다고 나타나겠는가! 나무 밑에 가서 열매가 떨어지기만 바란다고 그게 떨어질까? 그리고 그 나무가 자기 것이냐 말이다. 운명에도 주인이 있는 법이다. 내 운명이 아니면 결코 나에게 오지 않는다. 운명은 바란다고 오는 게 아니다. 그런 운명이 오도록 구체적으로 씨앗을 심어야 하는 것이다.

B는 실은 일이 성공하기를 열심히 바랐을 뿐, 일이 성사되도록 노력한 것이 아니었다. 그런 사람이 이제는 운명을 열심히 기다린다. 그것은 열심히 하는 것이 아니다. 하기야 '열심히' 엉뚱한 짓을 한 것은 틀림없다. 그러나 '열심히'가 중요한 것이 아니다. 조준을 잘 해야 한다.

운명이란 그것을 맞이할 수 있는 조건을 갖춘 사람에게만 찾아온다. 하늘이 주사위를 던져 행운을 가져다 주는 것이 결코 아니다. 하늘은 사람의 싹수를 보고 있다. 줄 만한 사람에게 준다는 뜻이다. 줄 만한 사람이란 좋은 운명을 이끌어내는 사람을 말한다. 평생 재수 없는 짓만 하는 사람이 운명만 좋기를 바란다면 그 또한 재수 없는 짓이다.

운명만 바라다가 그것마저 되지 않으면 B는 이제 무슨 말을 하게 될까? '노력도 운명도 다 필요 없다. 도적질이나 하고 사기질이나 해 먹고 사는 게 낫다'고 할 것인가? 사업의 성공을 위해서는 우선 제대로 된 노력을 해야 한다. 하지만 그것만으로 성공하는 것은 아니다. 운명이 도와야 하는 법이다. 물론 운명을 이끌어내기 위한 노력은 게을리하지 말아야 한다. 만약 B가 처음부터 일의 방향을 잘 맞추고 운명마저 이끌도록 노력했다면 결코 실패하지 않았을 것이다.

그렇다면 좋은 운명을 이끌어내는 방법은 무엇일까? 우선 운명은 거저 얻는 것이 아니라는 생각을 해야 한다. 운명은 대가를 치러야 좋아지는 법이다. 어떻게? 자꾸 '어떻게'를 성급히 묻지 마라. 운명은 쉽게 얻어지는 것은 아니지만 적절히 노력하면 반드시 개선되는 법이다. 이런 원리만 알아도 우선 된 것이다.

　삼가 경건한 마음으로 운명을 만드는 방법을 연구해야 한다. 깊은 연못에 임한 듯하라, 살얼음 밟듯 하라는 옛말은 운명에 대한 경각심을 갖게 한다. 아무렇게나 살다가 마지막에 가서 운명이나 기다린다? 참 우스운 사람이다. 하늘이 운명을 쌓아놓고 아무에게나 막 퍼준다고 했던가?

진위뢰

자, 생각해보자. 목소리를 고치고, 걸음걸이를 고치고, 얼굴 표정을 고치고, 먹을 때 소리를 덜 내고, 복장을 잘 갖추고, 겸손하고, 선물을 주는 등은 모두 운명을 고치는 방법이다. 주역에 진위뢰 (震爲雷)라는 괘상이 있는 바, 이는 움직여서 창조한다는 뜻이다. 무엇인가 하려고 애쓰지 않으면 평생 제자리걸음이다. 돈만 바라고, 여자만 바라고, 손해 안 보기만 바라고, 남이 알아주기만 바라는 것 등은 좋은 운명은커녕 남아 있는 가능성마저 다 상실하게 할 것이다.

　저 자신만 못났으면 그만이지 하늘까지 원망하면 안 된다. 그동안 제대로 일이 안 풀렸으면 이는 운명이 망가진 것이니 열심히 살펴야 한다. 그저 쉬운 것부터 하면 된다. 모르면 착한 짓부터 찾아가면 되는 것이다. 이도저도 모르겠다면 공부를 하면 된다. 이런 것이 바로 노력이라는 것이다.

작지만
치명적인 버릇

치명적인 버릇 하나가 모든 것을 망친다

조선시대에 어떤 정승이 살았다. 그는 지체가 높았는데도 항상 겸손했고, 학식과 인품도 갖춘 훌륭한 사람이었다. 때문에 하는 일마다 잘 풀렸고 사는 것이 행복했다. 다만 이 사람에게는 한 가지 한(恨)이 있었는데, 그것은 한쪽 발이 불편하다는 것이었다. 누군가에게 상해를 당해 평생 불구가 된 것이다.

한쪽 다리를 약간 저는 정도는 사는 데 지장이 없고 출세에도 별 상관이 없었다. 하지만 자신의 발을 그렇게 만든 놈에 대한 원한은 가시지 않았다. 그놈이 어느 날 도끼를 들고 나타나 발등을 찍고 도망간 것이다. 아무 이유도 없이 말이다. 정승은 이 일을 길고 긴 세월 동안 거듭 생각했지만 참으로 어처구니없는 일이었다.

'꼭 잡아서 쳐 죽일 놈⋯!'

정승은 이런 생각으로 긴 세월을 살았다.

그런데 어느 날 그놈이 불쑥 나타났다. 정승에게 이보다 좋은 일이 없었다. 아예 죽여버리든가 한쪽 발, 아니 양쪽 발을 다 잘라내 평생을 고통받게 하리라 생각하니 절로 웃음이 나왔다.

"여봐라, 이놈을 포박하라!"

정승은 한껏 소리를 높여 명령하고 일단 재판을 진행했다.

"너 이놈, 쳐 죽일 놈! 어째서 그토록 잔인한 짓을 했느냐! 너의 죄를 낱낱이 고하거라!"

정승의 말에 그놈은 의아한 표정을 지으며 반문했다.

"대감어른, 은인에게 이럴 수 있습니까? 고맙다고 인사는 못할망정 이토록 학대하시다니요!"

정승은 어처구니가 없었다. 기가 막혀 쓰러질 지경이었지만 인품이 좋은 정승은 잘 참으며 상대해주었다.

"뭐라고, 이놈! 말도 안 되는 소리 지껄이지 말고 자초지종을 얘기해보거라!"

"네, 대감어르신. 지나간 일이지만 당시 이야기를 하겠습니다. 저는 예나 지금이나 관상을 잘 보는데, 지난 날 어르신을 뵙자마자 어르신이 장차 정승이 되실 것을 내다보았습니다."

"뭐? 이런 미친 놈을 보았나! 그럼 어째서 내 발등을 찍었느냔 말이야! 그 얘기나 해봐!"

정승은 크게 노했지만 그놈은 침착하게 대답했다.

"네, 당시 제가 판단하기에 어르신께는 몹쓸 버릇이 있었습니다. 발을 떠는 버릇인데, 그것은 미래를 망치는 버릇입니다. 그 버릇 때문에 어르신은 정승이 될 운명에서 빗나가고 있었습니다. 그대로 놔두면 정승은커녕 가문 전체가 망할 뻔했습니다. 그래서 저는 어르신의 운명을 치료해주기 위해 도끼로 발등을 찍었던 것입니다. 어르신께서는 발 떠는 버릇만 없애면 반드시 정승이 될 운명이었습니다. 실제로 그렇게 되지 않았습니까! 모든 게 제 덕분입니다. 그런데 어르신께서는 제게 은혜 갚을 생각은 안 하고 핍박만 하고 계십니다. 배우신 분이 이래도 되는 겁니까?"

"뭐? 저… 저 고얀 놈…!"

정승은 말문이 막혔다. 그러나 잠시 화를 다스리면서 생각을 계속했다. 그러고 보니 그놈의 말이 틀린 것이 없었다. 도끼로 발등을 찍혀 약간 저는 정도인데 그로써 정승이 되었다니 이는 축복할 일이 아닌가!

'이놈은 은인이야…. 맞아! 은혜를 갚아야 마땅할 것이야….'

정승은 이렇게 깨닫고 그놈에게 큰 상을 내렸다.

산풍고

미래에 정승이 될 어르신은 발을 떠는 운명의 병이 있었던 것이다. 발을 떠는 버릇은 주역의 괘상으로 **산풍고**(山風蠱)에 해당하는데, 이는 산이 무너지는 것을 뜻한다. 큰일이 성취되지 못한다는 뜻이다. 그대로 놔두면 정승이 되는 것은 어림없었다. 그런 것을 그놈이 고쳐주었으니 두고두고 고마워할 일이었다.

운명은 이런 식으로 전개된다. 치명적인 하나의 버릇이 모든 것을 망칠 수 있다. 삼가 경건한 마음으로 자신의 병을 치료해야 한다.

버릇이
미래를 결정한다

오래된 버릇은 곧 운명의 재료다

●   '세 살 적 버릇이 여든까지 간다'는 속
담이 있다. 이는 버릇 고치기가 아주 어렵다는 뜻인 바, 버릇은 정말 고치
기 어렵다. 나에게도 오래된 버릇이 있는데, 60년이 넘은 것이다. 아무리
고치려 노력해도 잠시 잊고 지내면 다시 그 버릇이 나온다.

    버릇은 대개 후천적으로 생긴다. 어느 날 우연히 한 행동이 계속되다
가 몸에 익어버린 것이다. 인간에게는 많은 버릇이 있다. 옛말에 '열두 가
지 버릇 없는 놈 없다더라'고 했는데, 살펴보면 누구든지 수많은 버릇을 가
지고 있다. 우리 인간의 몸은 버릇을 모으는 장치라 해도 과언이 아니다.
버릇은 별의별 것이 다 있지만 우리는 흔히 그것을 인식하지 못하고 살아
간다.

버릇에는 나쁜 버릇이 있고 좋은 버릇이 있다. 좋은 버릇은 그것을 오히려 더 키워야겠지만, 나쁜 버릇은 정말 꼴 보기 싫다. 그뿐만이 아니다. 나쁜 버릇은 인생을 망가뜨린다. 공자는 이렇게 말한 바 있다. "군자는 위로 발전하고 소인은 아래로 타락한다[君子上達 小人下達]."

이는 소인은 날이 갈수록 점점 더 나빠지고 군자는 점점 더 좋아진다는 뜻이려니와, 그 원인은 다름 아닌 버릇에 있다. 소인은 나쁜 버릇을 가지고 있다. 아니, 나쁜 버릇을 가지고 있으면 소인이 되어가는 것이다. 나쁜 버릇이 어느 이상이 되면 걷잡을 수 없이 커진다.

나쁜 버릇은 자기를 통제할 수 없기 때문에 생겨난다. 통제력을 한번 잃게 되면 여기저기서 나쁜 행동이 저절로 튀어나온다. 그래서 결국 소인이 되고 갈수록 소인으로 치닫는 것인데, 군자는 통제력이 있는 까닭에 날이 갈수록 단정해진다. 즉, 좋은 버릇이 쌓여가는 것이다.

귀인에게는 귀한 버릇이 있다. 반면 재수 나쁜 사람에게는 천박한 버릇이 있어 운명도 점점 나빠진다. 우리 인생의 부귀영화는 결국 그 사람이 어떻게 살아왔느냐에 달려 있는데, 이것은 버릇과 다르지 않다. 모든 행동이 버릇인 것이다. 불교에서는 오늘날 우리의 운명이 그 모두 업습(業習)에 의해 결정되었다고 하는 바, 참으로 소중한 가르침이 아닐 수 없다.

인간은 세상에 나서 매일매일 행동하면서 살아가고 나중에 그것은 일정한 틀을 갖추게 된다. 이것이 바로 버릇이다. 사업에 실패하는 사람을 살펴보면 실패에 아주 익숙하다. 그는 실패하는 버릇이 몸에 배어 있는 것이다. 나도 실패하는 버릇이 좀 있는데 그것을 고치려고 무던히 애쓰고 있는 중이다. 또한 성공하는 버릇을 배우려 애쓰기도 한다.

버릇, 즉 일정한 행동이 미래를 결정한다는 것은 재론할 필요가 없다. 담배 피우는 버릇은 건강을 해치고, 도박하는 버릇은 가산을 탕진하며, 남을 잘 속이는 자는 사기꾼이 되고, 발을 재수 없게 떠는 자는 품위가 없어 벼슬을 얻지 못한다. 난폭한 운전습관은 사고가 기다리고 있다. 나쁜 술버릇은 점점 친구를 잃어 나중에도 고독한 사람이 된다.

　말하자면 한이 없다. 나쁜 버릇은 기필코 찾아서 고쳐야 한다. 그렇게 하지 않으면 운명마저 병들어 온전히 살 수 없게 된다. 몸의 병이 나쁜 습관에서 온다는 것은 의사들뿐만 아니라 일반인들에게도 널리 알려진 사실이다. 마찬가지로 운명의 병도 바로 나쁜 버릇에서 나오는 것이다. 우리가 사는 환경에 많은 쓰레기가 있듯이 우리의 인생에는 많은 버릇이 있고 오래된 나쁜 버릇이 있다. 이것들 말고는 딱히 우리 운명을 망치는 것이 따로 없다. 오래된 나쁜 버릇은 기필코 뽑아내야 하며, 나쁜 버릇이 조금이라도 생길 것 같으면 평소의 생활태도를 시급히 되돌아봐야 한다.

　우리의 버릇은 태어나서 점차 쌓여가는 것이지만 어떤 버릇은 태어나기 전에 생긴 것도 있다. 오래된 버릇은 곧 운명을 만드는 재료가 된다. 나쁜 버릇이 나쁜 운명을 만든다는 것은 뻔한 이치다. 다만, 구체적으로 어떤 버릇이 어떤 운명을 초래하는가 하는 문제는 이 책이 풀어 나갈 중요과제 중 하나다.

오래된 단점을
고쳐라

●   앞서 이야기했지만, 운명이란 우리
들 각자에게 배정된 예정표이다. 이에 따라 우리 인생은 성공과 실패가 연
이어 나타나게 된다. 어떤 사람은 실력은 제대로 갖추었는데도 오로지 운
명이 나빠서 성공하지 못하기도 한다. 참으로 애석한 일이다. 이런 경우는
운명을 고치도록 노력해야 한다.

　운명을 고친다? 이것이 가능한 일일까? 충분히 그렇다. 당초 운명은
내가 만든 것이다. 그리고 나서 운명이 나를 만드는 것이다. 물론 나쁜 운
명을 만드는 운명도 있는데, 이 역시 내가 만든 운명이다. 그래서 운명은
처음부터 잘 만들어두어야 하는데, 한번 운명을 잘못 만들면 계속 나쁜 운
명만 만들게 되기 때문이다. 이것을 운명의 늪에 빠졌다고 하는 것이려니

와 다른 말로는 운명이 병들었다고 하는 것이다.

운명도 모르는데 병든 운명을 어찌 알 수 있느냐고? 어렵게 생각할 것 없다. 지금이 나쁘면 그것이 병든 운명이다. 나쁜지 좋은지 모르겠다고? 그렇다면 걱정할 필요가 없다. 현재의 운명이 불편하지 않다면 그냥 살아가면 그뿐이다. 몸의 병도 마찬가지다. 불편함이 없으면 의사가 뭐라고 하든 애써 치료할 필요가 없다.

다만, 나의 운명이 남이 보기에 잘나가는 듯 보여도 스스로 만족할 수 없으면 그것을 적극적으로 개선해야 한다. 개선이 즉 치료다. 목표는 스스로 정하면 된다. 아주 가난한 사람은 일생 동안 100만원 모으는 게 꿈이다. 그러나 그런대로 살 만한 사람은 100억을 모으고자 하는 것이다. 원하는 것은 아주 큰데 그것이 전혀 성취될 것 같지 않다면 이 역시 운명이 잘못 짜여져 있는 것이다. 이때에도 운명을 고치는 작업을 서둘러야 한다.

현재 상황이 마음에 안 들어서 그것을 병든 운명이라고 가정해보자. 무슨 조치를 취해야 할까? 우선 자신의 단점을 찾아보라. 구체적으로 생각해야 한다. 글로 써서 번호를 매겨도 된다. 무조건 단점을 발견해야 한다. 단점 중에도 최근에 생겨난 나쁜 버릇 말고 오래된 단점을 찾아보라.

잘 생각해보면 반드시 몇 개 정도는 찾을 수 있을 것이다. 제대로 하려면 100개 정도 찾아야 하는데, 초보자들은 힘들겠지만 반성전문가(?)들은 자기 단점을 순식간에 수십 개 정도 찾아낸다. 한참 생각하면 100개 정도 찾는 것은 어렵지 않다.

만일 어떤 사람이 자기 단점을 단 하나도 찾아내지 못한다면 그 사람은 곧 망할 사람으로서, 나쁜 운명이 문 밖에서 기다리고 있다고 봐도 무방하다. 자기 단점을 찾아내지 못하는 사람은 아주 악한 사람이다. 계속 그 짓을 할 테니 말이다.

그런 사람 말고 누구든 운명을 개선하고자 하는 사람은 필사적으로 자기 단점을 찾아야 한다. 이것이 최우선적으로 할 일이다. 이때 죄를 지은 것과 단점은 엄연히 다르다는 것은 굳이 말할 필요가 없다. 사람은 실수라든가 잘못된 판단 때문에 운명이 망가지는 것이 아니다. 운명은 오래된 단점 때문에 망가진다. 엊그제 만들어진 비교적 새로운 단점은 아직 운명을 파괴하지 못하고 있다. 그것은 오랜 세월이 지나서 효력을 발휘한다. 지금 당장 운명을 고치려면 오래되고 지속적인 단점을 찾아야 한다.

단점이란 별 게 아니다. 나쁜 버릇을 의미한다. 평생 불필요한 웃음을 많이 토해냈다면 이런 것은 나쁜 버릇인 바, 이 때문에 20년쯤 후에 부도가 난다. 공연히 발을 떠는 버릇은 배신을 당하게 된다. 이상한 연관을 맺는 것 같지만 사실 운명이 나빠지는 것은 전혀 관계 없을 것 같은 엉뚱한 버릇 때문에 벌어진다.

나쁜 버릇이 전혀 없다고 주장하는 사람이 하는 행동 모두가 나쁜 버릇이다. 기필코 나쁜 버릇을 찾아야 한다. 이것을 찾고 나면 그 다음부터는 쉽다. 의식적으로 버릇을 고치려 노력하면 빠른 경우 3개월 정도 걸린다. 3개월이면 충분히 운명이 바뀔 만한 시간이라는 것이다.

원래 제대로만 하면 운명을 바꾸는 게 그리 어려운 일은 아니다. 운명은 무쇠처럼 단단한 것이 아니고 녹을 준비가 되어 있는 양초 같은 것이다. 엉뚱하다고 생각하지 말고 나쁜 버릇을 찾아 그것을 3개월 정도 고쳐보라. 그러면 운명이 좋게 바뀐다는 것을 느낄 수 있을 것이다.

운명을 어디까지
고칠 수 있을까?

정확하게 고치면 운명은 극적으로 변한다

　　　　　　　　　　　　　　운명을 고쳐보려고 결심했다고 치자.
고치기로 한 것은 좋다. 하지만 결과에 대해 얼마나 기대할 수 있을까? 즉,
운명을 고치는 노력이 어디까지 성공할 수 있을까?

　　운명을 고치겠다는 것과 열심히 살기로 했다는 것은 아주 다른 문제
다. 인생을 살면서 매사에 노력해야 함은 누구나 아는 일이고 특별할 것이
없다. 노력에 대한 결과처럼 점진적으로 이루어지는 것은 굳이 운명을 고
친다고 말할 필요가 없다. 무엇인가 극적인 일이 있을 때에 한해서 운명을
고쳤다고 할 수 있다. 극적인 반전이 아니라 그저 천천히 농사짓듯이 일어
나는 일들은 노력의 결과일 뿐, 운명의 개선이라고 말해서는 안 된다. 과
연 무심히 노력했을 때와 운명을 고치려고 적극적으로 행동했을 때 두 결

과는 확실히 다를까? 그리고 각각 어떤 결과를 기대할 수 있을까?

먼저 생각해보자. 운명을 고치기 위해 노력한 결과와 그저 열심히 산 결과는 분명한 차이가 있다. 예를 들어, 병에 걸린 사람은 치료를 위해 특별한 대책이 필요하다. 이때 의사가 일반적인 처방을 했다면 어떨까? 병은 나을 수도 있고 낫지 않을 수도 있다. 일반적으로 노력했는데 나았다면 다행이지만, 이는 단지 우연일 뿐이다. 하지만 의사가 명의의 솜씨로 족집게처럼 치료했다면 우연이 아니다. 운명을 고친다는 것은 일반적인 노력이 아니라 특별히 정조준해서 이루어내는 것이기 때문이다. 일반적인 것과 특별한 것은 분명히 다르다.

급소란 말이 있는데 이는 인체의 어느 부위를 가리키기도 하고, 일처리를 할 때도 사용하는 말이다. 보통은 핵심을 말할 때 '급소'라고 표현한다. 핵심을 찾지 못했을 때나 그런 능력이 없을 때는 대충 그럴 듯한 행동을 선택하는데, 이럴 때는 그저 노력한다 또는 최선을 다한다고 말한다. 하지만 운명을 고치는 행동은 다르다. 운명을 고치는 것은 정확하게 알고 정조준해야 가능하거니와, 특별한 문제해결 능력이 있을 때만 이루어진다. 용한 의사는 환자에 대해 정밀한 처방을 내린다. 하지만 대부분의 의사는 일반적으로 대충 처방할 뿐이다.

또다른 질문으로 돌아가서, 운명을 고치고자 했을 때 어느 정도 기대할 수 있을까? 결론부터 말하면, 노력이 적중만 하면 하룻밤 사이에도 운명이 고쳐질 것이다. 극적으로 변할 수 있을 것이다. 어째서 이런 일이 가능할까?

어렵게 생각할 것 없다. 방아쇠를 알 것이다. 손가락 하나로 총알이 발사되는데, 마찬가지로 스위치 하나로 미사일이 발사될 수도 있고, 침 한 방에 병이 나을 수도 있다. 사람의 말 한마디에 백년 묵은 원한이 풀릴 수도 있다. 로또복권이나 주식을 보자. 하루아침에 대박이 터져 인생이 역전될 수도 있다. 내친 김에 당부하는데 로또와 주식은 반드시 해야 한다. 그것은 경제논리로 하는 행위가 아니다. 큰 운으로 문을 열어놓는 것뿐이다.

작은 행동이 큰 결과를 이끌어내는 사례들을 우리 주변에서 얼마든지 볼 수 있다. 운명을 고치려는 노력은 핵심을 찾으려는 노력과 다르지 않다. 그리고 우리의 인생살이에서 행동을 약간만 고쳐도 거대한 결과의 차이가 생기는 경우는 얼마든지 있다. 당장 우리 자신을 살펴보아도 그런 일은 수없이 많다.

요점은 이렇다. 많은 노력보다는 제대로 된 노력이 필요하다는 것! 이뿐이다. 물론 제대로 된 행동은 쉽지 않다. 하지만 그렇게 할 수 있다는 것만으로도 우리는 기대를 갖기에 충분하다.

우리들 각자는 살면서 인생을 얼마나 생각하는가? 아마 그저 열심히 살아갈 뿐이리라. 이래서는 안 된다. 좀더 치밀하게, 넓게 생각해야 한다. 그렇게 하면 무엇인가 발견하는 것이 있을 것이다. 그것이 바로 운명을 개척하는 일이다. 아무리 생각해도 특별히 무엇인가가 보이지 않는다면 더욱 살펴보면 된다. 애써 돌파구를 찾고자 하는 것이 바로 운명을 고치려는 노력인 것이다.

꼬인 인생을
푸는 법

● 　　　　　　　　　나는 얼마 전 F의 운명을 고치려고 애
쓴 적이 있다. 그는 가게를 팔려고 내놨는데 오랫동안 팔리지 않아서 나를
찾아온 것이다. 나는 그를 살펴보고 그의 운명이 약간 병들어 있음을 알았
다. 앞서 여러 번 이야기했듯이 운명이 병들었다는 것은 고쳐야 할 그 어떤
버릇이 있다는 의미다.

F는 나의 이야기를 듣고 그것을 바로 고쳤다. 그 후 일주일가량 지나자 가게는 팔렸고, 그는 다른 곳에 가서 크게 성공했다. 다른 곳에 가서도 재수 없는 버릇을 지우고 있었던 것이다. 운명이란 고쳐지기 시작하면 하루 만에도 고쳐지는 법이다. 나는 그런 경우를 수없이 봐왔는데, 그 모두가 나쁜 행동을 고친 직후 벌어졌다.

우연론자들은 이렇게 말한다. 그 버릇을 고치고 있는 중이었는데 마침 운명이 좋아졌을 뿐이라고…. 어쨌든 좋다. 우연이라 해도 행동을 고친 직후 운명이 고쳐졌다면 그게 그것 아닌가!

G의 예를 보자. 이 사람은 운명이 심하게 꼬여 있어서 오랜 세월 고생을 했다. 나는 이 사람을 면담하면서 많은 운명적 요소를 발견했다. 고칠 것이 많았던 것이다. 그는 고쳤다. 하지만 운명이 풀리지 않아서 2년 가까이 제자리걸음을 했다. G는 여러 모로 보아 좋은 운명을 맞이할 사람으로 판단했는데 좀처럼 풀리지 않았다.

나는 이해할 수 없었다. 저런 사람이라면 반드시 좋은 운명을 맞이할 것이라고 생각했는데 그렇지 않았던 것이다. 나는 그의 막힌 운명적 요소를 계속 연구했고, 일일이 고쳐보라고 주문했다. 그는 결국 2년 만에 운명이 조금씩이나마 분명히 고쳐지기 시작했다. 운명공식대로 된 것이다.

H를 보자. 이 사람은 행동을 훌륭하게 했는데도 나쁜 운명이 고쳐지지 않았다. 아무리 봐도 좋은 사람이었는데 운명의 늪에서 헤어나지 못하고 있는 것이다. H는 재수 좋은 짓을 열심히 실천하는 모범적인 사람이었다. 하지만 현재 2년이 지났는데도 운명은 개선되지 않았다.

여기서 보자. F는 운명이 순식간에 바뀌었다. H는 그렇지 않았다. 어째서 이런 차이가 나는 것일까? 이는 간단한 논리로 해석할 수 있다. F는 하늘에 진 빚이 적었던 것이다. 그래서 몇 가지 행동을 고치는 것만으로도 쉽게 운명을 끌어낼 수 있었다. 하지만 H는 하늘에 진 빚이 많은 것으로 추정된다.

여기서 그 내용을 밝힐 수는 없다. 내용이 깊어져서 차차 논할 것이다. 나는 H에게 말해주었다. 반드시 고쳐질 것이니 너무 괴로워 말라고. 그는 괴로운 가운데서도 자포자기하지 않고 묵묵히 좋은 운명을 이끌어내기 위해 현재도 노력하는 중이다.

H는 모범적 행동 덕분에 비록 하늘에 진 빚이 많아도 머지않아 다 갚을 수 있을 것이다. 그뿐이 아니다. 그가 운명을 달게 받으면서 계속 노력한다면 하늘로부터 탕감도 받을 수 있을 것이다. 여기서 중요한 것은 나쁜 운명도 '달게' 받는다는 것인데, 그렇게 하는 것은 무한한 반성이기 때문이다. 사람은 딱히 반성거리가 보이지 않아도 반성해야 한다. 반성은 목욕과 같아서 자주 하면 좋은 것이다.

나도 운명이 나빠서 40년간 모진 고생을 했는데, 어느 날인가부터 운명 목욕을 열심히 한 결과 묵은 때를 조금이나마 벗겨낼 수 있었다. 나는 하늘에 진 빚이 많아 오랫동안 더 깊이 반성해야 할 것이다. 하지만 반드시 내 운명이 고쳐질 것이라는 데는 추호도 의심이 없다.

우리가 현재 큰 허물이 없는데도 나쁜 운명 때문에 고생하고 있다면 그것

62

택화혁

은 하늘에 진 빚을 갚고 있는 것이니 용기를 잃지 말아야 한다. 주역에 **택화혁(澤火革)**이라는 괘상이 있다. 이는 어두운 곳에 갇혀 있는 빛은 언젠가 크게 떠오를 날이 있다는 뜻이다. 내가 현재 갇혀 있어도 나의 착한 성품을 잃어서는 안 된다. 무조건 착해지려고 노력만 하면 안 풀릴 수가 없다.

내가 아는 어떤 사람은 고쳐야 할 것이 태산처럼 많은데도 그것은 조금도 고치지 않고 운명만 탓하고 있다. 나는 그가 점점 더 나빠질 것을 알고 있다. 그는 하늘에 진 빚을 갚을 생각은 안 하고 점점 더 많은 빚을 지고 있는 것이다. 나중에 그 빚을 감당할 수 없는 지경에 이르면 갑자기 비참한 운명을 맞이할 수도 있다.

운명이 심하게 꼬인 사람은 인내를 가지고 하늘에 진 빚을 갚아나가면 된다. '천릿길도 한 걸음부터'라는 말이 있지 않은가!

2

스스로 주저앉아
망하는 법

음양의 섭리대로
사랑하라

남자는 양, 여자는 음

● 내가 아는 A의 이야기다. 이 사람은
평생 바람을 피우며 많은 여자를 해치고 다녔다. 의리 없이 쉽게 버리기 때
문이다. 사랑이란 서로 합의가 되어야 진행되는 법이다. 그래서 헤어질 때
도 어느 정도 상대방을 배려해야 한다. 사귀던 사람을 헌신짝 버리듯 하면
상대방은 뭐가 되는가!

어쨌건 이 사람을 보자. 이자는 여자에게 접근하기 전에 그녀의 눈치
를 살핀다. 심지어는 그녀가 자기를 좋아하는지 점을 치기도 한다. 나에게
도 점을 쳐 달라고 부탁한 적이 있기 때문에 잘 알고 있다. 이자는 갖가지
방법을 써서 여자가 자기를 좋아할지 안 할지를 미리 철두철미하게 따져본
다. 그리고 나서 천천히 자신의 마음을 결정한다.

이자에게는 '저 여자가 좋다'라는 개념이 애시당초 없었다. 여자가 자기를 먼저 좋아하면 자기도 여자에게 접근해서 잘 노는 것이다. 사랑은 없다. 그저 여자와 잘 놀아날 뿐이다. 물론 상대방도 그런 여자라면 서로 잘 놀아나면 그만이다. 하지만 여자가 순정이 있어 진짜 사랑을 원했다면 이자는 아주 위험한 놈이 아닐 수 없다. 사랑 사기꾼이 아닌가!

본시 사랑은 남자가 먼저 한 여자를 좋아하는 데서 시작된다. 이것이 남자의 본성이다. 중요한 것은 '먼저'라는 개념이다. 사랑을 함에 남자가 먼저 행동하는 것은 음양의 섭리다. 양이란 동기를 부여하고 만물을 이끌어가는 원동력이다. 음은 수동적으로 뒤따라가고 양의 원동력을 결실로 바꾸는 역할을 한다.

음양의 개념은 우주에서 최고 개념으로, 음양은 시공을 초월한 자연의 운영자이다. 남자가 먼저 움직이는 것은 양이기 때문이거니와, 그로써 자연계가 순행하도록 되어 있다. 어렵게 이야기할 것 없이 남자는 여자를 이끌어가야 하는 것이다.

사랑을 할 때에도 남자는 여자를 발견하고 구애를 시작한다. 구애가 성공할지 실패할지는 나중에 가봐야 아는 것이지만 남자는 실패를 두려워해서는 안 된다. 여자 눈치를 보는 것은 비겁할 뿐 아니라 이런 자는 여자를 쉽게 버린다. 여자에게 빌붙어 사는 제비가 흔히 이런 짓을 하는데, 제비는 뒤에 가서 상세히 설명하겠다.

지금은 A의 행태를 더 살펴보자. 이자는 사랑을 쉽게 거저 얻으려고 여자가 먼저 행동하기를 기다린다. 자신이 먼저 나서는 법이 없다. 이런 자는 양의 기운이 점점 사라져 운명이 병들게 된다. 양은 양으로서 행동해야만 우주로부터 기운을 얻게 되어 있다.

더 이야기해보자. A는 잘생기고 유능하여 여자에게 호감을 많이 받는 타입이다. 항상 주변에 여자가 들끓는다. 그래서 자기가 여자를 선택할 필요를 못 느낀다. 어느새 여자가 다가와 사귀게 되는 것이다.

풍지관

이러면 편해서 좋기는 하다. 다만 양의 기운이 점점 소진되어 운명이 막혀버린다. 주역의 괘상에 **풍지관**(風地觀)이 있다. 이 괘상은 가만히 앉아서 기운이 소진된다는 뜻이다. 나서야 할 때 나서지 않으면 좋은 운명은 철회되고 만다. A가 실제 그렇게 되었다. 그리고 점점 더 망하는 길을 걸어가고 있다. A는 운명이 중병에 걸렸는데, 치료할 생각은 못하고 점점 더 패망의 늪으로 빠져들고 있는 것이다.

과정을 잠깐 보자. 나는 A를 30년 전부터 봐왔는데, 예전엔 괜찮은 남자였다. 신사였고, 강했고, 유능했고, 돈도 잘 벌었다. 그래서 여자가 많이 생겼는데, 그러다 보니 재미가 들었다. 쉽게 여자를 취할 수 있게 된 것이다. 여자에 대해서는 힘 안 들이고 제 마음대로 할 수 있었다. 여자의 사랑과 육체가 다 자기 것이 된 것이다. 그뿐만이 아니었다. 여자가 돈까지 갖다주는 게 아닌가! A는 여기에 맛을 들이고 그 다음부터는 점점 여자의 돈을 바라게 되었고, 사랑과 몸은 물론 돈까지 요구하게 된 것이다.

처음엔 잘되어갔다. 하지만 세월이 가면서 양의 기운이 탕진되자 슬슬 이자의 매력이 없어지기 시작했다. 양의 매력은 양다워야 발생하는 법인데 A는 그것을 몰랐다. 30년 가까이 여자처럼 수동적으로 쉽게 꿀꺽하는 버릇이 생기다 보니 점점 여자가 떨어져 나가는 한편, 사업도 실패가 시작되었다. 사업이란 원래 양의 기운이 충만해야 성공하는 법인데, A는 여자를 취하면서 얻어먹는 재미 때문에 수동적 인간으로 변해버렸다. 즉, 여자 같은 짓을 하는 남자가 되었다. 이로써 운명이 병들고 만사가 끝장난 것이다.

양이란 원래 우주에서 태어날 때 음을 도와주도록 태어난 것이다. 여자에게서 무엇을 받아서 사는 남자는 멸망하게 되어 있다. 사실 남자는 여자가 사주는 커피 한 잔도 넙죽 받아서는 안 된다. 모름지기 남자는 여자에게 평생 베풀며 살아야 하는 것이다. 여자에게 아첨하는 것 같지만, 양이란 음에게 베풀수록 오히려 새로운 기운이 발생하는 법이다. A는 여자에게 받아만 먹다가 하늘이 내려준 자기 재산을 잃어버린 꼴이 되어버렸다. 지금이라도 여자 신세 안 지고 자기 본연의 힘을 사용하여 여자에게 베풀기를 좋아한다면 병든 운명도 회복될 희망이 있다.

A는 지금 현재도 새로운 여자를 만나 원조 받기를 꿈꾸며 살아간다. 절대로 될 일이 아니다. 좀 있으면 몸도 병들고, 모든 사람에게서 미움을 받게 될 것이다. 운명의 병을 키우면 안 된다. 자기에게 갖다 주는 여자를 기다리지 말고 자신이 갖다 줄 여자를 찾아야 한다. 운명의 기운은 제대로 된 곳에서 발생하는 법이다.

거저 얻으려다
진짜 거지가 된다

거지 짓이 운을 망친다

●   빌어먹는 거지를 보았을 것이다. 그들은 왜 그런 짓을 할까? 돈이 없어서? 절대 그렇지 않다. 돈이 없어서 거지 짓을 하는 게 아니라 거지 짓을 하기 때문에 돈이 없는 것이다.

거지 짓을 하면 온 힘이 빠져 나간다. 빌어먹으려면 당당한 자세를 취하면 안 된다. 몸에서 힘을 최대한 빼고 얼굴은 불쌍한 표정을 지어야 한다. 그런 자세로 오래 있으면 정신도 그렇게 된다. 정신이 그렇게 되면 몸은 더욱 힘이 빠진다.

거지 짓도 오래 하면 경지가 높아져 몸과 마음에서 기운이 모조리 빠져 나가게 된다. 그러면 불쌍하게 보여 손님이 돈을 척척 내놓는다. 하지만 고개를 숙이고, 슬픈 표정을 짓고, 무릎을 꿇고, 세수도 안 하고 옷도 어둡고 더러운 것을 입고, 계속 굽신거리는 동안 영혼에 있는 기운은 계속 **빠져** 나간다. 나중에는 아무리 힘을 주려고 해도 힘이 나오지 않는다. 그래서 돈을 벌 수가 없고 항상 돈이 없다. 거지 짓을 했기 때문이다. 남에게 얻어먹는 것은 남는 장사가 아니다. 자신의 기운을 버리고 운을 망가뜨리면서 그 짓을 하는 것이다.

거지 짓은 투자가 전혀 없는 것 같지만 실은 그렇지 않다. 온 힘을 다 투자하고 영혼마저 죽도록 투자하는 것이다. 그렇다고 100만원 받는 사람이 있는가! 대개는 100원짜리 동전 한두 개이고, 특별한 경우 1000원이 생기기도 한다. 하지만 그 이상은 결코 생기지 않는다.

결국 돈은 많이 생기지 않고 힘은 점점 빠져 나간다. 운명이 병들어도 단단히 병들게 되는 것이다. 치료하려면 몹시 힘들다. 하지만 당장 거지 짓을 그만두고 다른 일을 찾으면 차츰 돈도 생기고 운도 생기게 된다.

그런데 길거리에 나도는 거지 말고 색다른 거지가 있다. 바로 마음이 거지인 사람을 말한다. 남에게 어떻게 해서든지 거저 얻어서 득을 보려는 사람 말이다. 이런 사람은 운명이 병들기 쉽다. 오랫동안 그 짓을 하면 확실히 병이 든다. 그래서 나중에는 사업마다 실패하고 직장에서도 갑자기 쫓겨난다. 마음이 거지면 진짜 거지가 되는 것이다.

주역의 괘상에 **수산건(水山蹇)**이 있는데, 이 괘상은 스스로 주저앉아 망한다는 뜻인 바, 거지는 누가 그런 짓을 하라고 시킨 것이 아니다. 스스로

수산건

나쁜 운명을 애써 만든 것이다. 남에게 빌어먹을 생각을 하지 않고 열심히 벌어서 남에게 혜택을 주려는 사람은 운명이 건강해지는 법이다. 마음이 거지인 사람은 도적놈보다 나쁜 놈이다. 이놈은 아닌 척하면서 항상 남의 돈을 꿀꺽할 생각만 하고 지낸다. 나중에는 그 짓 말고는 점점 할 일이 없어진다.

이건희 회장이 말했다. "부자처럼 생각하고 부자처럼 행동하라. 그러면 나도 모르는 사이에 부자가 되어 있다." 물론 여기서 말하는 것은 마음이 부자인 것을 말한다. 마음이 거지면 거지가 되고, 마음이 부자면 부자가 되는 것이 하늘의 섭리다. 하늘은 사람에게 복을 주려고 할 때 그 마음을 먼저 살핀다. 마음이 거지인 사람은 하늘도 피해 간다. 아니, 벌을 준다. 하지만 열심히 사는 사람은 하늘도 돕고 싶어하는 법이다.

남에게 써야 할 돈을 쓰지 않고 몰래 아끼는 행위도 실은 거지 짓과 다르지 않다. 부자가 따로 없다. 남에게 흔쾌히 쓸 줄 알면 부자다. 마음이 거지인 사람은 척 보면 알 수 있다. 궁상맞게 아끼고 남이 쓰기를 기다린다. 항상 어디서 공돈이 생기지 않을까 허망한 꿈을 꾸는 것이다. 거지 병을 고치는 방법은 간단하다. 남에게 자주 베풀면 된다.

하늘은 스스로
돕는 자를 돕는다

정당한 홀로서기

의지가 행동을 부른다

● 　　　　　　　　제비와 거지의 공통점은 무엇일까?
이들은 스스로의 힘으로 살아가기를 포기한 자이다. 언제부터 이렇게 돼
먹은 것일까? 태어나면서부터 그렇지는 않았을 것이고, 어느 정도 성장하
고 나서 돌연 그렇게 되었을 것이다. 세상이 무서워서 빌어먹고 살 궁리를
하게 되었다거나, 재미로 시작했다가 결국 여자에게 빌붙어먹는 신세를 못
면하게 되었을 수도 있다.

　경과와 동기가 어떻든 간에 이들은 살아갈 가치가 없다. 동정도 좋지
만, 사람이란 그 무엇보다도 자율성이 있어야 한다. 그것이 없는 사람은
사는 동안 내내 죄를 짓고 사는 것이다. 죽는 게 낫다고 말하는 것은 바로
이런 사람을 두고 일컫는 말이다.

74

여기서 간단하게 운명의 원리를 생각해보자. 스스로 살아가기를 포기한 자에게 무슨 좋은 운명이 있을까? 동냥 더 받아내고 여자 더 울리는 것밖에 없다. 밝은 운명이란 스스로 살아갈 의지가 있는 자에게만 열리게 되어 있다. 올림픽선수도 마찬가지다. 치열한 경쟁을 뚫고 메달을 따고자 하는 사람은 희망을 바라볼 수 있다. 하지만 처음부터 포기를 하고 시작하는 자에게 무엇이 기다리고 있을까?

'하늘은 스스로 돕는 자를 돕는다'는 말이 있듯이 제대로 살겠다는 의지만 있으면 세상이 그리 어려운 것만은 아니다. 오늘날 우리 사회는 수많은 조건이 갖추어져 있다. 애써 행동하는 사람은 무엇이든 간에 결실이 있기 마련이다. 그렇다고 악행을 하라는 뜻은 아니다. 만일 어떤 사람이 도둑질로 크게 성공하겠다고 생각했다고 하자. 이는 이미 실패한 사람이다. 몇 푼 건졌다고 해도 그 죄를 어찌하려고? 하늘이 보고 있고 경찰이 쫓아다닌다.

뇌천대장

운명이란 정당한 홀로서기를 통해 개척될 수 있는 법이다. 악한 짓을 하거나 비겁한 짓을 하거나 아예 스스로 무엇을 하기를 포기하게 되면 앞으로 남은 인생은 점점 나빠질 것이다. 현재 일이 잘 안 풀려 기력을 상실한 사람이라 할지라도 다시 해보겠다는 의지부터 살려놓고 현실에 달려들어야 한다.

당당히 나서는 것은 주역의 괘상으로 **뇌천대장**(雷天大壯)이라고 하는 바, 이는 하늘의 기운을 크게 간직한다는 뜻이다. 이를 본받아 스스로를 일으

켜야 한다. 성공과 실패를 미리 논하지 말자. 해보는 거다! 이런 사람에게
는 반드시 희망이 있다.

　홀로서기란 남과 협력하지 않겠다는 뜻이 아니다. 남에게 의지만 하고
살지 않겠다는 뜻이다. 당당히 살겠다는 의지는 행운을 불러오게 되어 있
다. 다른 생각 말고 우선은 당당히 내 힘으로 인생을 개척할 의지가 있는지
부터 확인해보라. 첫단추가 잘 끼워져야 그 다음도 제대로 되는 법이다.

베푸는 사람은
친구가 있다

베풀 친구가 없음이 곧 병이다

● 　　　　　　　　　　　　1985년에 나는 뉴욕 맨해튼에서 살고
있었다. 잠시 이민을 갔을 때였는데, 거기서 많은 노숙자들을 보았다. 이
들은 동냥을 하면서 살아가기 때문에 거지이기도 하다. 쓰레기통을 뒤질망
정 빌어먹지는 않는 우리나라 노숙자하고는 좀 다르다. 하지만 거지와 노
숙자는 사실 큰 차이가 없다. 일 안 하고 거리를 배회하며 천하게 사는 것
은 마찬가지다. 이들에게 희망은 없다. 운명이 크게 병들어 있기 때문에
좋은 일이 생길 게 없는 것이다.

나는 뉴욕에서나 서울에서나 거지와 노숙자들의 행태를 오랫동안 관찰했
다. 그들의 얼굴은 이미 죽어 있는 관상이었다. 관상보다 좀 쉬운 이야기

를 해보자. 미국에서든 한국에서든 그들의 공통점은 무엇이었을까? 바로 친구가 없었다는 사실이다. 노숙자나 거지는 누구와 함께 다니는 법이 없다. 잘 때도 혼자 잔다. 깨어나서 누구와 대화를 나누는 법도 없다. 그들은 혼자인 것이다. 이것은 홀로서기가 아니다. 홀로 주저앉는 것이다.

여기서 유의해야 할 것은 '혼자'라는 행태이다. 이들은 친구가 없다. 이는 아주 큰일이다. 친구가 없다는 것은 병든 운명에 나타나는 최우선적 증상이다. 친구가 없어졌든 친구를 잃었든 상관 없다. 현재 아는 사람이 없으면 그는 운명이 병든 자이고, 그 병은 점점 깊어질 것이다. 세상에 나쁜 놈은 친구가 없는 법이고 이런 자는 운명이 병들 수밖에 없다. 공자는 말했다. "덕이 있는 자는 외롭지 않다. 반드시 이웃이 있다[德不孤 必有鄰]."

이웃이 있으면 운명은 치료되는 법이다. 이웃에게 신세를 지라는 뜻이 아니다. 베풀라는 뜻이다. 내가 남에게 베풀지 못하면 운명은 즉각 병들게 되어 있다. 친구가 있어야 무엇인가 줄 수 있지 않겠는가! 애시당초 친구가 없는 자는 남에게 전혀 줄 마음이 없기 때문에 운명이 친구를 다 잃게 만들 것이다.

친구란 베풀면 생기게 되어 있다. 또한 베푸는 자는 베풀 것이 생기게 마련이다. 사람은 반드시 친구가 있어야 한다. 물론 재수 나쁜 놈을 친구로 두어서는 안 될 것이다. 친구란 어느 정도는 인간다워야 한다. 도적놈을 사귀면 도적질을 배우기 마련이다. 제비를 친구로 사귀면 허황된 꿈만 꾸다가 꼴값질(여자에게 빌붙는 짓)을 하게 된다. 부지런한 사람을 친구로

두면 일하는 정신을 배울 수도 있다.

현재 친구가 하나도 없는 사람은 재앙이 기다리고 있다고 봐도 틀리지 않다. 그리고 현재 운명이 잘 풀리지 않는 사람은 널리 사람을 사귀도록 애쓰라! 다시 말하겠다. 나를 도와줄 친구를 찾아다니라는 것이 아니다. 그냥 순수한 친구 말이다. 내게 돈을 가져다 줄 친구만 살피는 놈은 사기꾼이고 운명의 벌을 받게 된다. 고독해진 것은 나쁜 징조인 바, 시급히 친구를 만들어야 한다.

　　어떻게? 그것은 아주 쉽다. 만나는 사람마다 친절히 대하고 베풀기를 좋아하면 어찌 친구가 없겠는가! 오늘도 노숙자는 혼자 거리를 배회하고 있다.

싸가지가없으면
되는일도없다

●   버릇이 너무 나쁜 사람을 두고 '싸가지 없는 놈'이라고 말한다(줄여서 그냥 '싸가지'라고도 한다). 이런 놈은 대개 예의범절이 없고 안하무인격으로 제멋대로 사는 존재다. 싸가지 없는 놈은 사람을 두려워하거나 존중하지 않기 때문에 저 자신은 매우 편하게 산다. 하지만 보는 사람마다 기분 나쁘게 만들기 때문에 싸가지 없다는 욕을 듣는다.

싸가지 없다는 말은 아주 고약한 놈이라서 재수 없고 장차 나쁜 운명을 만날 것이라는 저주인데, 실제로 그런 놈은 잘되는 법이 별로 없다. 싸가지가 없으면 좋은 운명을 만들지 못하는 특징이 있다. 사업이든 뭐든 처음부터 안 된다는 뜻이다. 이런 사람은 안 되는 일을 이것저것 많이 해봐서

80

경험은 풍부하다. 하지만 그 무엇도 성공시킬 수가 없다. 이런 사람은 오던 행운도 피해 달아나는 법이다. 당연히 상종할 인간이 아니다.

싸가지 없는 놈이 흔한 존재는 아니다. 하지만 사람은 자신의 행동이 단점인지 아닌지를 잘 파악하지 못하기 때문에 종종 싸가지 없어 보이는 행동을 한다. 그래서 나의 단점이 남에게는 싸가지 없게 보이지 않을까 조심해야 하고, 나 자신이 혹시 그런 사람은 아닌지 종종 의심해봐야 한다.

그런데 진짜 싸가지 없는 존재가 있다. 그것은 막가는 놈을 일컫는다. '나는 남 신경 안 써', '뭐 어때서? 나는 내 멋대로 할 거야', '마음대로 하라지, 뭐…. 나는 그런 거 몰라', '참견 마', '관심 없으니 말하지 마….' 이런 식으로 행동하는 자가 싸가지 없는 자이다.

다시 말하면, 싸가지 없는 자는 의식적으로 태연하게 나쁜 짓을 하는 자이다. 뻔뻔하고 못돼먹은 놈이 바로 싸가지 없는 놈이다. 싸가지는 대체로 예의범절이 아예 없고 갖추지도 않겠다는 자인데, 이런 사람은 하늘이 싫어한다.

맹자는 말했다. "의로움은 길이요 예의는 문이다[夫義 路也, 禮 門也]." 이는 비록 그 사람이 의로운 사람이라고 하더라도 태도에 갖춤이 없으면 상종하지 않겠다는 뜻이다. 맹자 같은 현자가 싫어하는 존재라면 어찌 복을 받을 수 있으랴!

그리고 '싸가지 없다'는 '매력 있다'의 반대말인즉, 지지리 매력 없는 자는 일단 싸가지가 없다고 봐야 한다. 이런 사람은 하는 일마다 시작부터 꼬

풍수환

이겠지만, 재산이 다 탕진되면 그 다음엔 몸이 망가지고, 그 다음엔 가족에게도 불행이 닥친다.

왜냐고? 주역에서 싸가지 없는 놈을 **풍수환(風水渙)**으로 표현하는데, 이 괘상은 점차 모든 것을 상실한다는 뜻이다. 싸가지 없다는 것은 현재 진행형으로 망하는 모습인 것이다.

예의가
인간다움의
시작이다

    ●   인생을 살면서 누구나 절대적으로 갖추어야 할 것이 바로 예의범절이다. 예의란 남을 생각하는 마음을 담고 있는 아름다운 행동이라 정의할 수 있다. 예의는 다른 말로 '교양'이라고도 하는데, 인간다움은 최우선적으로 여기에 달려 있다.

    주역의 괘상으로는 **수택절(水澤節)**이라고 하는 바, 물이 연못 속에 담겨

수택절

있다는 뜻이다. 물이란 연못 속에 담겨 있지 않으면 범람하여 마구 흘러 다니게 된다. 인간의 행동도 예의범절이 없으면 자제력이 상실되어 남을 해치고 불쾌하게 만든다.

유럽 사람들은 일찍이 신사, 숙녀 교육을 철저히 받아왔는데, 이는 귀족들의 자존심이었다. 『예기(禮記)』에 이런 말이 나온다. "서인 이하에게는 예의를 논하지 않는다[禮不下庶人]." 예의는 서인 이상의 품격이라는 것이다. 다시 말하면, 천민은 행동을 함부로 하고 귀인은 단정하게 행동한다는 뜻이다.

최소한의 예의도 없는 사람을 '싸가지 없는 놈'이라고 말하기도 하는 바, 앞에서 이미 다루었다. 다른 말로 '후레자식'이란 말도 있다. 이는 가정에서 배우지 못한 자식이란 뜻인 바, 가정이 천하여 예의를 못 배웠다는 뜻이다. 예의가 없으면 천박해 보인다. 아니, 실제로 천박하다.

사람의 행동 중에 남에게 보이지 말아야 할 것이 있다. 예를 들어 공공장소에서 가랑이를 쫙 벌리고 있는 행위는 주변에 혐오감을 준다. 최근에는 이런 사람을 '쩍벌남'이라고 하여 신조어사전에도 실려 있는데, 남자는 물론 여자가 이런 자세라면 가장 추한 자세일 것이다.

공자가 말했다. "예가 아니면 보지도 말고 듣지도 말고 행하지도 말라[非禮勿視 非禮勿聽 非禮勿言 非禮勿動]." 이는 예란 인간이 어겨서는 안 될 절대 덕목임을 밝힌 것이다. 오늘날 사회는 가정에서나 학교에서 특별히 예의를 가르치지는 않지만, 예의를 갖추지 못한 사람은 누구나 싫어한다. 반면 예의를 갖춘 사람은 누구에게나 돋보이고 칭찬받게 된다.

매력이란 것도 예의가 있으면 더욱 분명해진다. 가령 누가 특별한 재주가 있어서 매력이 있을 때, 예의까지 있는 사람이라면 그 재주는 더욱 매력 있어 보인다. 반면 비록 잘난 사람이라도 예의가 없는 자라면 그 잘난 모습은 보이지 않는 법이다.

배움이란 다른 것이 아니다. 인간사회에 나와서 예의만 배워서 갖추어도 그는 이미 허물을 면할 수 있다. '사람이 꽃보다 아름다워'라는 노래도 있는데, 이는 마음씨와 함께 아름다운 행동을 갖춘 것을 뜻한다.

인간의 예의는 정말로 아름다운 법이다. 이것 외에 따로 아름다운 것이 있을 리 없다. 여자가 예쁜데 예의가 없다면 값이 확 떨어진다. 천박하다고 보는 것이다. 남자가 예의가 없다면 신사라고 말하지 않고, 심하면 싸가지 없다는 말을 듣게 된다. 귀한 사람은 물론 마음을 갖추었겠지만, 마음을 제대로 갖춘 사람이라면 예의가 없을 수 없다.

예의는 운명에 미치는 영향이 지대한 바, 만일 어떤 사람이 30년간 예의 없이 마구 돌아다녔다면 그는 이미 망해 있을 것이다. 누구나 싫어하는 사람이 성공할 수 있겠는가! 조폭 세계에서조차 예의는 최우선적으로 갖추어야 할 자세이다. 조폭들은 예의를 갖추기 위해 일본에 유학까지 가는 실정이다. 그만큼 예의는 누구에게나 소중하다는 뜻이다. 사업하는 사람은 예의 하나만 가지고도 평생 남에게 호평을 받을 수 있는 바, 이로써 출세하는 것은 더 말할 나위가 없다.

예의란 전문적으로 말하면 몹쓸 짓이 새어나가지 않도록 자신을 단속하는 데서 시작한다. 소위 단정하다고 하는 것이 바로 이것이다. 위에서 말한 괘상 수택절은 단정한 자세로 행운을 지킨다는 뜻이 있다. 단정한 사람은 운명도 그렇게 된다. 반대로 산만하고 남을 배려하지 않는 사람은 모든 것이 흘러나가 운명도 잃게 된다.

스스로 생각해보자. 어떤 사람을 만났을 때 그 사람이 예의가 없으면 당장 싫은 마음부터 들지 않는가! 내 자식이 그런 아이라면 장래가 위험하다. 내 자신이 현재 예의가 없는 사람이라면 그 무엇을 갖추었다 할지라도 운명이 망가진다고 아니할 수 없다.

공자는 말했다. "예를 회복하고 자신을 극복하는 것이 사랑이다[克己復禮爲仁]." 남을 사랑하지 않는 사람이 어떻게 사람의 도움을 받을 수 있으랴! 예의는 사람을 빛나게 하고 떳떳하게 보이게 하며, 귀하게 보이게 하고, 모든 사람을 따르게 한다.

예의를 갖추지 못했다면 사람 앞에 나서서는 안 된다. 보는 사람마다 싫어할 터인즉, 운명인들 잘될 리 없다. 지금 당장 자신이 예의가 있는지 살피고, 그것이 없다면 숨어서 열심히 고쳐가야 한다.

꼴값하다
망신을 당한다

●   어느 수도장을 찾았을 때의 일이다.
그 수도장의 사범은 80세가 넘은 고령의 수도자로 명상의 대가다. 그분은
수행가이자 이론가여서 많은 사람으로부터 존경을 받았다. 내가 수련을 위
해 평소 친분이 있는 그분의 도장을 찾았을 때, 마침 강의를 하고 계셨다.
참가자는 많지 않았지만 수준 높은 사람들이 대부분이었다.

　그 자리에 의외의 사람이 한 명 앉아 있었는데, 강의를 받는 태도가 이
상했다. 강의를 듣고 있기는 한데 턱을 앞으로 내밀고 전혀 움직임 없이 눈
을 감고 있었다. 그 모습이 별로 안 좋아 보였다. 어른이 말씀하고 계시는
데 눈을 감고 있는 자세는 예의가 아니기 때문이다.

　그런데 더 이상한 태도가 이어졌다. 강의가 끝났으면 눈을 떠야 하는

데 여전히 눈을 감고 있는 것이 아닌가! 제 딴엔 강의를 음미하고 있다는 뜻인가 본데 표정에서 세상을 내려다보는 빛이 역력했다. 그 모습이 너무나 오만하여 그 사람의 마음이 다 드러나 보였다. 그는 이렇게 생각하는 중이었다. '내가 다 알고 있는 걸 강의하고 있구먼. 기특해! 나는 고귀한 사람이니 의젓하게 자세를 취할 뿐이야. 너희들은 열심히 공부하거라. 나는 음미하고 있을 테니….'

강의가 끝나고 덕담을 나누는 자리에서도 그는 줄곧 눈을 감고 있었다. 가끔씩 눈을 뜨고 오만하게 고개를 끄덕이고는 자리가 끝나기도 전에 저 혼자 일어나 고개를 자꾸 끄덕이더니 무례하게 떠나버렸다. 마치 하늘에서 내려온 사람이나 되는 듯이.

그런데 떠나기 직전 나를 보더니 손을 들어 아는 척을 하고는 필요 없이 또 고개를 끄덕이고는 사라졌다. 나는 그를 20년 전부터 알고 있었다. 그는 아주 무식쟁이인데 어느 날 도인지 하늘인지를 깨달았다고 하면서 항상 눈을 감고 음미하는 자세를 취하는 것이다. 누군가와 대화를 하면서도 으레 눈을 감고 턱을 내밀고 고개만 끄덕이다가는 사라지곤 했다. 분명 자기 아버지에게도 그럴 것이다.

그 사람이 도장에서 떠나자 사범이 내게 그를 알고 있느냐고 물었다. 안다고 대답하자, 사범은 그를 어떻게 생각하느냐고 재차 물었다. 내 생각에 그는 싸가지 없는 놈이라고 대답했다. 그러자 주변 사람들의 웃음소리가 터져 나오고 분위기는 화기애애하게 바뀌었다.

택풍대과

그는 어떤 존재일까? 쉽게 말해서 개폼 잡는 놈이다. 똥폼이라고도 하고, 또 어떤 사람은 그 사람의 태도를 보자마자 "지랄하네" 하고 웃어버리기도 한다. 그 사람은 예의범절이라고는 애시당초 들어보지도 못한 존재다. 그리고 항상 착각 속에 사는 미성숙자다.

그 사람의 태도는 무엇일까? 바로 '꼴값'이라고 한다. 주역의 괘상으로는 **택풍대과**(澤風大過)라 하는 바, 과장이 지나쳐 망신에 이른다는 뜻이다. 꼴값은 마약과 같은 작용을 하는데, 주제 파악이 안 되는 사람이 엉뚱한 생각을 하면서 그것을 멋있게 밖으로 표출하는 것이다.

이런 사람의 운명은 늘 안개 속에 있어서 외부와 단절되어 있고 몸은 점점 굳어간다. 사실 개는 엉뚱한 폼을 잡지 않는다. 사람이 아주 꼴불견스러울 때 개폼이라고 하는데, 이는 '개만도 못한 놈이 개인 척하네!'라는 뜻이다. 흉한 것은 더 말할 나위 없다.

사람은 자신의 신분과 처지를 잘 알아서 처신해야 하는 법이다. 어른 앞에서 지나치게 의젓한 태도를 보인다거나 자기 윗사람이 있는 데서 지나치게 고상한 척을 하는 것은 사람을 모욕하는 행위다. 공손한 태도를 취하지 못했기 때문이다. 꼴값은 인간관계를 완전히 단절하는 행위다. 인간의 행동은 그 자체로서 중요한 표현이기 때문에 법도에 맞아야 한다.

또한 사람은 착각에서 벗어나야 한다. 자기 평가가 지나치게 과장되면 스스로 진실을 가리고 남을 깔보게 되는 바, 세상 사람은 그를 어처구니없는 존재로 보게 된다. 가까이하기조차 싫은 존재가 되는 것이다. 가까이하기는커녕 멀리서 그를 생각만 해도 진저리가 난다.

미국 말에 이런 것이 있다. '나쁘지조차 않다(not even wrong).' 이 말은 나쁜 놈보다 훨씬 나빠서 거론하지도 말자는 뜻이다. 그런 놈을 욕하면 그것은 오히려 칭찬이니 아예 싹 잊어버리자는 것이다. 꼴값은 정말 보기 싫다. 못났으면 못난 대로 조용히 있으면 되는데, 못난 놈이 으레 꼴값을 떠는 것이다.

'가만 있으면 중간 간다'는 말이 있는데, 이는 꼴값을 경계하는 말이다. 사람은 주제넘은 짓을 하지 말아야 한다. 세상에 이런 말도 있다. '희미한 착각 속에 밝아오는 개망신!' 이는 꼴값 떠는 사람의 말로를 이야기한 것이다.

사람은 누구든 자신의 처지에 따라 걸맞은 행동을 해야 한다. 자기 위치에서 알맞은 행동이란 운명이 더 나빠지지 않게 하는 훌륭한 행동이다. 물론 알맞은 것을 넘어서 조심스럽게 행동을 고쳐 나가면 운명은 좋아지게 마련이다.

꼴값이 있으면 그것부터 뽑아내야 한다. 꼴값은 자신의 생각을 마비시키고 눈을 어둡게 하고 행동을 천하게 고착시킨다. 의연한 자세와 꼴값을 잘 구분해서 행동해야 한다. 꼴값은 운명 장애인의 태도인 것이다.

마음이 천하면
운명도 천하다

●   "그 사람은 어떤 사람입니까?"라고 물을 때, 이는 거의 모두 신분을 묻는 것이다. 신분이란 한 사람의 직업, 직책, 재산 유무 등을 묻는 것인데, 이에 따라 그 사람을 존경하든지 멸시하든지가 결정된다.

가령 임원이나 사장이라면 일단 그 사람은 관심의 대상이 된다. 의사나 판검사, 변호사 등도 대단한 직업이어서 그 사람을 우러러보게 된다. 하지만 가난하고 직업상 지위가 낮으면 별 볼일 없는 사람으로 본다. 대수롭지 않은 사람은 신분이 약한 사람이어서 일단 실망하게 된다.

특히 여자가 결혼 상대를 구할 때 신분이란 절대적이다. 여자의 결혼 문제가 아니더라도 사람을 만나러 갈 때는 그 사람이 누구인가를 신경 쓰게 된다. 교수다, 사장이다, 국회의원이다, 부자다 하면 만나기 전부터 자세를 생각해둔다. 그러나 그 사람이 별 볼일 없는 사람이라면 일단 김이 새고 긴장감은 싹 사라진다.

신분이란 이토록 중요하다. 특히 혼담이 오갈 때 상대의 신분은 최우선 관심사다. 이에 따라 결혼이 성사되느냐 마느냐가 결정되기 때문이다. 어디 시골에 사는 농부라고 하면 만나자고 할 필요가 없다. 하지만 국회의원이다, 기업의 대표다 하면 일단 존중할 만한 상대다.

사교모임에서도 신분이 중요하다. 식사 한 끼를 해도 상대방의 신분이 높지 않다면 모임 자체에 의미를 두지 않는다. 이것이 인간사회다. '너는 누구냐?' 하고 묻는 것은 오로지 신분이 궁금해서다. '누구냐?'라는 질문에서 사회적 신분 말고는 따질 것이 별로 없다.

신분! 이는 오로지 돈 또는 직업, 직위일 뿐이다. 이외에 신분이 무엇을 의미할까? 아마 학벌도 포함될 것이고, 여자라면 미모도 중요하다. 하지만 별로 가진 것 없어 보이는 사람에겐 더 물어볼 것조차 없다. 사회는 냉정하다. 상대방이 능력이 있느냐 없느냐를 예의주시하고 있는 것이다.

세상을 살려면 신분을 그럴 듯하게 만들고 유지해야 한다. 그렇지 않으면 멸시당하고 존재가치를 인정받지 못한다. 흔히 '위신이 깎인다'는 말이 있는데, 이것도 신분의 유무를 따지는 것뿐이다.

여기서 생각해보자. 소크라테스가 말한 것이 있다. "너 자신을 알라." 이는 너의 신분이 무엇이냐고 물은 것일까? 절대 그렇지 않다. 그렇다면 무엇을 물은 것일까?

좀더 이야기해보자. 소크라테스는 다시 말한다. "당신은 부귀영화를 얻기 위해서 그토록 노력하는데, 인성(人性)을 높이는 데는 왜 관심이 없는가?"

이제 분명해졌다. 소크라테스는 직업, 직위, 돈이 아닌 인간 그 자체를 물은 것이다. 이에 대해 우리의 대답은 무엇인가? 약간 고개를 끄덕일 뿐이다. "소크라테스가 맞기는 한데, 글쎄…." 우리는 이런 사람인 것이다. 과연 이래도 되는가?

소크라테스는 죽음을 앞둔 시점에서 제자들에게 또다시 말했다. "나는 이제 죽음으로 가네. 자네들은 살아남을 것이고…. 그런데 나와 자네들 중 누가 더 유리할까?"

이 말은 핵심적인 것으로, 이렇게 해석될 수 있다. "죽고 나면 부귀영화도 없을 터, 나는 그것 이상을 추구했다네. 자네들은 계속해서 부귀영화만 추구할 것이 아닌가!" 더 이상 소크라테스의 가르침을 외면하지 말아야 할 것이다.

우리가 흔히 말하는 신분이란 외부에 보여지는 것일 뿐, 그것이 가장 중요한 것은 아니다. 진짜 신분이란 따로 있다. 그것은 우리의 인간성 자체다. 나는 어떤 사람인가? 속물인가 아닌가? 부귀영화를 추구하는 것 외에 나는 무엇인가? 내면의 신분이 천하면 인생이 천해지고 운명도 천해지는 법이다.

자기로
가득찬 늪에서
벗어나라

자기 자신의 늪

자기만 보다가 다른 것을 놓친다

●　　　　　　　세상에는 온통 관심이 자기 자신한테만 쏠려 있는 사람이 있다. 이런 사람은 눈앞에 무엇이 있어도 그것을 잘 보지 못한다. 자기 외에 다른 것을 관찰할 여유가 없기 때문이다. 따라서 이 사람은 항상 놓치는 것이 많다.

　가장 큰 문제는 운명이 어디로 흘러가는지를 모른다는 것이다. 얼핏 생각하기에는 항상 자기만을 보고 있기 때문에 자기의 변화를 잘 볼 것 같은데, 실은 그렇지 않다. 운전자에 비유해보자. 우리가 차를 타고 운전할 때 어디를 봐야 하는가? 내가 어디로 가는지, 내게 무엇이 다가오는지를 살펴봐야 하지 않겠는가! 그렇지 않으면 이것저것에 부딪힐 수도 있고, 자기가 어디로 가는지를 모르게 되는 것이다.

실제로 이런 사람이 있다. 아니, 상당히 많다. 온통 자기 자신으로 가득 차 있어 그것 외에는 아무것도 보지 못하는 것이다. 자기만 보고 있다는 것은 자기성찰을 하는 것으로 보이기 쉽지만, 이와는 많이 다른 개념이다. 자기성찰이란 반드시 남과 비교하여 자기는 어떻다는 것을 파악해야 하는데, 이 사람은 그저 자기만을 바라보고 있을 뿐이다. 세상이 어떻게 돌아가는지를 외면하고 있는 것이다. 이 얼마나 위험한 인생인가!

이런 사람을 1인칭 인간이라고 하는데, 자기 외에 다른 존재가 무수히 많다는 것을 망각하고 있다. 배에 타고 있는 사람이 배를 제대로 조종할 생각은 안 하고 그 안쪽만 보고 있으면 배가 표류하게 된다. 표류라는 것은 목표도 없고 방향도 없이 그저 파도에 나부끼는 것이다.

이런 사람은 살고 있는 것이 아니고 그저 존재하고 있을 뿐이다. 산다는 것과 존재한다는 것은 뜻이 엄연히 다르다. 그저 존재하는 것은 책임도 없고, 조절 능력도 없다. 그러나 산다는 것은 자기가 무엇인가 될 수 있어야 함이다.

사람은 '있음'에서 '됨'으로 바뀌어야만 살아 있다고 말할 수 있다. 다른 것은 보지 못하고 자신의 현상만 바라보면서 그 뜻도 모른 채 살아가는 사람은 식물인간이나 다름없다. 자기 자신의 늪에 빠져 헤어나지 못하고 있는 것이다. 이런 사람은 온갖 나쁜 운명을 뒤집어쓰게 된다.

나는 실제로 그런 사람을 많이 봐왔다. 그들은 인생이라는 운명 항해에서 아무런 대책도 없이 자기 꼴만 바라보고 있는 셈이다. 그뿐이 아니다. 그들은 자기 모습이 마치 세상에서 가장 큰 관심거리라도 되는 듯 계속 자기 자신을 중계방송하고 있다. 남이 그것을 보지도 않고 듣지도 않고 관심도 없다는 것도 모른 채 이토록 자기 늪에 빠져 있다. 이런 사람은 재앙에 부딪힐 가능성이 아주 많다. 이미 이런저런 사고를 많이 당하고 살았을 것이다.

사람은 절대로 자신에게 몰두하고 있어서는 안 된다. 남을 봐야 한다. 자기 자신을 남에게 밝힐 필요도 없다. 그 사람은 이미 나를 파악하고 있기 때문이다. 저밖에 모르는 인간이 여기 있다고…. 고개를 들어 주변을 폭넓게 살펴봐야 한다. 내가 남하고 무엇이 다른지, 그리고 또한 내가 얼마나 못났는지를. 나만 보고 있으면 나의 뜻은 점점 모르게 되는 법이다.

내 자신이 대단한 존재가 아니니 감동어린 마음으로 자기를 봐서는 안 된다. 남을 백번 보고 나를 한번쯤 보는 것은 괜찮다. 나를 고치기 위해서는 나라는 사람이 누군지 알아야 하지 않겠는가! 겉모습이 사람이라고 해서 다 사람이 아니다. 속모습도 사람이어야 하는 것이다.

자기의 늪에 빠진 사람은 실은 자기가 그렇게 되어 있다는 그 자체를 모르

택수곤

고 있다. 그래서 점점 더 깊게 빠져든다. 다른 사람들은 저기서 활동하고 있는데 나는 그것도 모른 채 여기서 썩어가고 있는 것이다.

　스스로 갇혀 있는 것은 주역의 괘상으로 **택수곤(澤水困)**인 바, 이는 운명이 점점 메말라간다는 뜻이다. 좋은 운명은 조금도 기대할 수 없다. 오히려 나쁜 운명이 심하게 부딪쳐 올 것이다.

　사람은 누구나 수시로 자기가 자신의 늪에 빠져 있는가를 점검해야 한다. 남에게 자신의 꼬락서니를 종종 묻는 것도 하나의 방법이다. 자기 자신의 늪이란 인생에서 가장 위험한 곳이다.

철든다는것,
진정한인생의시작

● 공자는 말했다. "남이 나를 알아주지 않아도 화를 내지 않는다면 어찌 군자가 아니겠는가[人不知而不慍 不亦君子乎]."

또 이런 말도 했다. "남이 나를 몰라줄까봐 걱정하지 말고 내가 남을 알아보지 못함을 걱정하라[不患人之不己知 患不知人也]."

사람은 누구나 약간은 자기 자신에 도취되어 있다. 물론 자기도취가 아주 심한 사람도 있는데 이런 사람일수록 별 볼일 없고, 또한 이런 사람은 남에게 해를 끼치기 일쑤다. 자기도취는 자신에 대한 과대평가, 열등의식 등 여러 가지 원인이 있는데, 어떤 원인이든 그 모든 것이 현실 착각에서 비롯

한다.

자기도취자들은 스스로에게 빠져들면서 현실을 넘어선 생리적 쾌감까지 느낀다고 하는데, 그것에서 벗어나기는 쉽지 않다. 물론 현실 상황에 따라 갑자기 자기도취에서 벗어나는 사람도 있다. 이를 흔히 '철들었다'고 말한다. 철들었다는 말은 이제 객관성, 현실성, 이해심 등을 갖추었다는 뜻이다. 진정한 인생은 이때부터 시작된다.

자기도취는 재빨리 고쳐야 한다. 심하면 인간관계가 다 무너지고 평생을 꿈 속에서 헤매게 되기 때문이다. 자기도취자들은 자신의 늪에 빠지는 것을 넘어서 자신의 못난 본모습을 잘난 모습으로 착각하고 있다. 일종의 자기중독이다. 이들은 아직 태어나지도 못한 것이다.

정신의학에서는 이들을 미성숙자라고도 하는데, 신경증의 일종이다. 어쨌건 자기도취는 남과 심한 괴리가 생길 수밖에 없다. 남들은 현실을 보고 있는데 이들은 꿈을 꾸고 있다. 흔한 말로 착각은 커트라인이 없다고 하는데, 이는 자기도취자들이 끝없이 빠져드는 상황을 꼬집은 것이다.

나는 예전에 자기도취가 아주 심한 여자를 만난 적이 있다. 이 여자는 내게 자주 전화를 걸어왔는데, 주제는 항상 자기는 왜 그렇게 예쁘게 생겼냐는 것이다. 이런 짓이 계속되자 나는 그녀에게 말해주었다. "당신은 하나도 안 예뻐요. 빨리 착각에서 벗어나야 해요." 그러나 이 여자는 착각에서 벗어날 기미가 전혀 없었다. 나는 전화를 아예 받지 않았다.

어떤 남자도 있었는데, 이 사람은 너무 많은 여자들이 자기를 좋아해서 사는 게 부담된다고 말하곤 했다. 나는 그에게 말해주었다. "이 세상에 당신을 좋아하는 여자가 단 한 명이라도 있으면 내 손에 장을 지지겠소." 그는 자기도취가 너무 심해서 좀 있으면 김연아와 결혼하게 될 것이라고 떠들고 다닐 정도였다.

또 어떤 사람은 누가 존경하지도 않는데 항상 눈을 감고 턱을 내밀고 고개를 끄덕이곤 했다. 이는 꼴값이지만, 자기도취는 밖으로는 꼴값 형태로 나타난다.

공자는 이렇게 말했다. "나이 마흔이 넘어 남에게 미움을 산다면 이는 틀린 것이다[年四十而見惡焉 其終也已]." 어려서의 자기도취는 어느 정도 이해해줄 수 있다. 하지만 30~40세에 이르러서도 자기도취가 계속되면 이 인생은 볼짱 다 본 것이다.

그런데 자기도취는 거의 모든 사람에게 조금씩 있다는 연구보고가 있다. 조심해야 할 것이다. 누구든지 자기도취가 깊어질 수 있기 때문이다.

자기도취가 깊어질수록 운명의 발전은 정지하게 되어 있다. 그리고 발전하지 않는 것은 퇴보하는 법이니 자기도취자는 운명이 나빠질 때를 기다리고 있는 것과 다를 바 없다. 사람은 열심히 건전하게 살아가면 그만이다. 애써 자기를 평가할 필요가 없는 것이다.

자기의 실체는 자신의 기분이나 평가에 의해 정해지는 것이 아니다. 나타난 것이 바로 그의 실체다. 자기 평가는 공정해야 한다. 아니, 자기 자신에 대해서는 더욱 냉정한 기준을 적용해야 한다.

사람은 자기도취가 없는 순간부터 세상을 배울 수 있으며, 배우는 사람은 운명이 차차 개선될 수밖에 없다. 남들은 저만큼 앞서가고 있는데 나는 뒤에 처져서 잘났다고 주장만 하면 어찌 발전이 있겠는가! 자기도취는 비겁한 착각이다.

품위가
운명을 좌우한다

지위에 걸맞는 자세

운명을 이끄는 힘

● 인간은 평등하다고 말하지만, 이는 최소한의 권리를 이야기한 것일 뿐이다. 사람은 실제로 많은 등급이 있다. 그리고 그 등급은 공정하고 자연스럽게 매겨진 것이지 일부러 강제한 것이 아니다. 물론 여기서 사람의 등급은 사회적으로 주어진 부귀영화나 부를 기준으로 말하는 것이 아니다. 그 사람의 진정한 품위를 말한다.

흔히 자격이란 말이 있는데, 자격이란 그 사람에게 주어지는 우선적 평가다. 자격 없는 자가 어떤 자리에 앉아 있으면 그것은 위태롭고 뻔뻔한 것이다. 품위란 단어는 자격은 물론 아름다움까지 갖춘 것을 일컫는 말이다. 그만한 품위가 있다고 말하면 이는 실질과 문화마저 갖추었다는 뜻이다. 어떤 사람이 시험 하나 잘 봐서 합격했다고 해도 품위가 없으면 그는 천한 권리만 유지하는 꼴이다.

　주역에 이런 말이 있다. "지고 또 탄다. 도적을 오게 만드는구나[負且
乘 致寇至]." 이는 짐을 질 인품인데 좋은 차를 타고 다닐 권리를 누리는
자에게 재앙이 떨어질 것을 경고한 말이다. 품위는 기술이 좋다고 생겨나
는 것이 아니다. 흔히 '천한 놈'이라고 하는 말은 품위 없는 자를 일컫는 말
이다.

국가의 높은 직위에 있는 사람은 몸가짐이나 교양 등 직위에 걸맞는 자세
를 유지할 수 있어야 한다. 의전(儀典)이라는 것도 그런 사람을 품위 있게
대한다는 뜻이다. 흔한 말로 귀티가 난다, 혹은 천박해 보인다는 말 등은
그 사람의 품위를 보고 하는 말인데, 주위를 살펴보면 품위가 있는 사람은
그에 걸맞는 자리에 있는 것을 볼 수 있다.

　사실 품위는 운명을 유도하는 가장 강력한 원동력이다. 품위는 영혼의
모양을 만들고, 영혼의 모양은 운명을 이끌기 때문이다. 관상이란 것도 실
은 그 영혼의 품위를 보는 방법이다.

품위는 남에게 보이기 위한 형식적 모양이 아니다. 그럴 경우에는 겉멋이
라고 한다. 진정한 품위가 없고 그럴듯하게 꾸민 것이 겉멋이다. 겉멋은
자연스럽지가 않아서 오히려 품위를 손상한다. 심지어는 꼴값인 것이 겉멋
이다.

　품위란 그만한 덕목을 갖추어야만 생겨나는 법이다. 그리고 품위가 있
으면 운명이 절대로 나빠지지 않는다. 사람이 갑자기 출세할 경우가 있는

데, 그때는 그 사람의 품위부터 달라진다. 영혼에 벌써 징조가 깃들기 때문이다.

천화동인

우리는 이러한 섭리를 활용하여 운명 개선 또는 운명 치료를 할 수 있다. 사람은 누구나 한때 운명이 나빠질 수가 있다. 그때 꼴사납게 굴면 운명은 더욱 후퇴한다. 언제나 품위를 유지할 수 있다면 잘못된 운명도 제자리에 돌아오기 마련이다.

도인들의 품위는 평정(平靜)인데, 평정은 나쁜 운명을 막아주는 효력을 발휘한다. 또한 품위가 있으면 평정, 즉 흔들리지 않는 마음이 유지되어 운명도 유지되는 법이다. 물론 품위가 그 사람의 현실보다 고상하면 당연히 그는 운명이 좋게 바뀔 수밖에 없다. 주역에 **천화동인(天火同人)**이라는 괘상이 있는데, 이를 보면 품위란 날아오르는 존재라는 것을 알 수 있다.

운명이 나빠지는 이유는 참으로 많다. 그러나 좋아지는 방법도 그만큼 많다. 그중에서도 품위는 기본이다. 흔히 재수 없는 놈이란 말이 있는데, 이는 품위 없는 자를 말한다. '방정맞다'라는 말도 마찬가지다.

우리는 우리 자신의 품위는 보지 못하고 남을 흉보는 기술이 잘 발달되어 있다. 그 능력으로 자기 자신을 살펴봐야 한다. 겉멋과 잘 구분하여 진정한 품위를 날로 높여가는 것이 향상의 길이다. 공자는 이렇게 말했다. "실질이 문화를 이기면 촌스럽고, 문화가 실질을 이기면 번듯하기만 하다 [質勝文則野 文勝質則史]."

104

허영을 부리다
운명을 탕진한다

진실해야 운명이 개선된다

● 이런 말이 있다. '호박에 줄 긋는다고 수박이 되나?' 이는 겉멋만 가지고는 사람이 변화될 수 없다는 뜻이다. 또 이런 말도 있다. '사람 자체가 명품이 되어야지 명품만 가지고 다닌다고 무엇이 달라지나?'

우리는 명품을 가지고 있다고 그 사람을 존경하지는 않는다. 사실은 공연히 자랑하러 들고 다니는 건데 자랑은 되지 않고 비웃음거리가 되기 십상이다. 주제파악이나 하라고….

물론 부자인데도 지나치게 싸구려만 사용하면 궁상맞단 말을 듣는다. 허영이나 궁상은 양극단인데, 무엇이 더 나쁘다고 말할 수는 없다.

궁상은 나중에 따지고 허영에 집중해보자. 나는 어떤 여자를 만난 적이 있다. 그 사람은 몸에 명품을 많이 지니고 있었는데, 모두 빚을 내서 산 것들이다. 한마디로 이 여자는 허영에 깊게 병들어 있었다. 이유를 들어보니 그럴듯했다. 운이 너무 안 풀려 억지로 높여봤다는 것이다.

고급차를 타고, 라면 하나를 사도 백화점에 가서 사고, 커피를 마셔도 피아노 반주가 있는 곳에 가서 마신다. 가난한 이웃과는 말 한마디도 안 한다. 자신은 그들보다 더 가난하면서…. 또 아이들이 젓가락을 사용하면 기겁을 한다. '어머, 얘 좀 봐! 젓가락을 쓰면 어떡해. 포크를 써야지!' 포크를 사용하는 사람이 부자로 보였던 모양이다. 가관이 아닐 수 없었다.

이 여자는 운명을 개선하려고 노력하는데, 방향이 틀렸다. 운명은 농락의 대상이 아니다. 진실해야 운명이 개선되는 법이다. 분수를 모르고 하늘마저 속이려 든다면 이는 오히려 벌을 받게끔 되어 있다. 자기 개선은 절대 속임수여서는 안 된다.

허영이란 운명을 가불하는 것과 같으며, 아주 큰 빚이다. 현실의 빚은 잘 도망다니기만 하면 어찌 피할 수 있을지도 모르지만, 운명의 빚은 피할 방법이 없다. 패가망신은 물론이거니와 몸이 불구가 되는 수도 있다. 억지로 운명을 속이면 운명은 그 보상을 그 사람의 몸으로 받아내는 법이다. 즉, 몸에 사고를 당한다는 뜻이다. 몸에 사고를 당하면 이제 허영은커녕 몸을 유지하기조차 힘들어진다.

허영은 애당초 진실을 포기한 것이다. 그래서 당연히 사실적 행운은 오지 않는다. 주변에 속는 사람은 있을 것이다. '저 여자, 고급 여자구나!'

하지만 무슨 소용이 있으랴! 하늘이 알고 돈을 빌려준 사람이 알고 있다. 허영은 운명을 속이는 사기행각일 뿐이다. 사람이 출세를 원한다면 그에 준하는 행실이 있어야 한다. 그렇다면 결코 사기행각이 아니다. 그러나 허영으로 하늘과 인간을 속이고 어찌 온전할 수 있으랴.

부자인 척한다고 부자를 만나는 것은 아니다. 왜 진실을 두려워하는가! 허영은 과장의 일종인데, 괘상으로는 **택풍대과(澤風大過)**에 해당한다. 이 괘상은 배가 침몰하듯 모든 것이 침몰한다는 뜻이다.

억지를 부려서는 안 된다. 분수에 맞게 산다는 자체가 운명을 개선하는 행동이다. 미리 운명을 빚내지 말지어다. 허영의 빚은 혹독한 벌을 초래하게 되어 있다. 세상을 깔보면 안 된다. 거짓된 생활은 거짓된 운명만 불러들일 뿐이다. 그럴듯한 운명이 오는 듯하다가 그것은 돌연 재앙으로 바뀔 것이다.

허영이란 도적질과 마찬가지여서 어떻게 개선할 방법이 없다. 현실을 달게 받으면 언젠가 개선의 여지가 있지만, 현실을 외면한 채 억지를 부리면 운명을 탕진하게 된다.

고립이란 감옥에
스스로를
가두지 마라

틀에서 벗어나라

고집과 고정관념

제자리 걸음하는 삶

●   세상으로부터 단절되어 혼자 남게 된
것을 고립이라 말한다. 조난을 당하는 것이 여기에 해당한다. 사업을 하다
가 실패를 했는데 누구 하나 도와줄 사람이 없으면 이 또한 고립이라고 말
한다.

그런데 이런 고립 말고 또다른 고립이 있다. 인생이 제자리걸음을 하
면 이 또한 고립인 것이다. 운명이 좋아질 사람은 생활에 변화가 많다. 하

지만 일정한 틀이 오래 반복되면 운명이 하향곡선을 그리게 되어 있는데, 나도 실은 이러한 상황에 처했던 적이 있다.

그 원인은 다른 데 있는 것이 아니었다. 생각하는 것, 행동하는 것이 일정했기 때문이었다. 특별히 나쁜 행동을 한 것도 아니고, 생각이 나빴던 것도 아니었다. 단지 일정하다는 것, 그로 인해 운명은 제자리걸음을 하게 되었고, 제자리걸음을 오래 하다보니 결국엔 극단적인 내리막길을 걷게 되었던 것이다.

사람이 나쁜 행동을 하지 않아도 일정하면 이미 병든 것이다. 나는 운명전문가였지만 정작 내가 병들어가는 것을 모르고 있었다. 이유가 너무 많아서 지금 말할 수는 없지만, 어쨌든 결과적으로는 생활 패턴이 너무 일정했던 것이다.

나는 어느 날 갑자기 이를 알게 되었다. 남에게 이야기해주다가 내 자신이 그렇다는 것을 깨닫게 된 것이다. 중이 제 머리 못 깎는다고 했던가! 의사가 자기 병을 모르고 사는 것과 마찬가지였다.

나는 깜짝 놀랐고, 고치려고 마음먹었다. 그래서 생각과 행동에 새로움을 주었다. 그로부터 운명은 순식간에 바뀌었다. 당연한 일이다. 틀에서 벗어나면 운명은 반드시 벗어나는 법이다. 내 스스로 그런 경험을 하고 보니 조심성도 많아졌고, 운명을 보는 눈도 더욱 밝아졌다.

좋은 행동, 좋은 생각도 폭이 좁으면 그것이 바로 고립이다. 인간은 누구나 자기 자신의 운명 영토가 있는데, 그것이 좁으면 발전해봤자 그게 그거다. 좁은 땅에 건물을 지으면 얼마나 짓겠는가! 나는 높일 생각만 했지

넓힐 생각은 하지 못했던 것이다. 사람은 종종 일탈된 행동을 할 수 있어야 한다. 기차 레일처럼 궤도에서 벗어나지 못한다면 인생은 한계가 있는 법이다.

고립 중에서 자기도 모르는 사이에 그렇게 되는 수가 있다. 이를 두고 흔히 주변의 변화를 따라가지 못했다고 말한다. 또다른 고립은 스스로 빤히 알면서 그렇게 되는 것인데, 이는 고집이나 고정관념 등에서 비롯된다. 이런 사람은 아예 씨알머리가 안 먹힌다. 누가 고쳐주려고 해도 고쳐줄 수가 없다. 그는 이렇게 말한다. "나는 누가 뭐래도 이 길을 갈 테야⋯."

이는 분명 고집이다. 사실 나 자신도 이런 사람이었지만, 안 되면 바꾸는 것이 순리다. 아무리 좋은 길도 그로써 운명이 개선되지 않는다면 자신의 길이 아닌 것이다. 어떤 사람이 가수로 출세하겠다고 긴긴 세월 노력하는 것을 본 적이 있는데, 가수의 꿈은 진작 집어치워야 될 일이었다.

내 주변에 현재진행형으로 그런 짓을 하는 사람이 있다. 나는 그 사람에게 10여 년 전부터 그 일은 안 된다고 수백 번 지적해주었다. 심지어는 그 사람에게 "네가 정 하고 싶으면 앞으로 몇 년만 더 해봐라"라고 했었다. 그는 그러겠다고 다짐하고는 일을 더 열심히 했지만 역시 실패했다. 그 일은 여기서 밝힐 수는 없지만 세상사에는 결코 이루어지지 않는 일이 있는 법이다. 어떤 사람은 국회의원이 되겠다고 20년씩이나 매달리는 것을 봤는데, 그는 20년 동안 고립되었던 것이다.

그런데 고립 중에 가장 심한 고립이 있다. 이는 사람 말을 받아들이지 못하

천산돈

는 것인데, 만인이 보고 있어도 자신은 보지 못하는 것이다. '소가 지나가도 보지 못한다'고 한 말이 바로 이것이다. 사람은 생각이 고착되면 그 틀에서 벗어나지 못한다. 생각의 고착, 이것이 바로 고립이다.

고립은 닫혀 있다고도 말하는데, 앞뒤로 꽉 막혀 있다는 말도 이것이다. 도무지 파고들 틈이 없다고도 하는데, 이는 자신이 만들어놓은 감옥에 갇혀 외부와 단절된 것이다. 주역의 괘상으로는 **천산돈(天山遯)**인 바, 이는 아무것도 이루지 못하고 좌절한다는 뜻으로서, 불구의 몸이 되거나 하늘 아래 홀로 낙오된다는 뜻이 있다.

밖과 소통되지 않는 것은 이미 천벌을 받고 있는 것이다. 새롭게 나서야 한다. "날이면 날마다 새로워져라[日新又日新]"는 옛말이 있는데, 밖과 소통이 안 되면 절대 새로워질 수가 없다. 오늘날 북한 사회가 그렇다. 그들은 70년간이나 일정한 틀을 유지하고 있다.

개인의 경우도 마찬가지다. 그런 사람은 마침내 쇠퇴하여 불행했던 운명을 붙들고 생을 마감하게 된다. '안 되면 되게 하라'는 말이 있는데, 이는 허약한 사람에게 하는 말일 뿐이다. '한 우물을 파라'는 말도 있지만 이것은 조금 해보다 쉽게 지치는 사람을 가르치는 말이다.

고집은 바로 고립을 뜻하는 바, 고집과 신념은 다른 개념이다. 고집은 소통이 안 되는 생각을 말한다. 신념은 객관성이 있는 것으로, 적어도 한 명이상은 그 생각을 찬성해주는 사람이 있다. 그러나 고집은 오로지 저 혼자만의 생각이다. 내가 본 어떤 사람은 50년 동안 행상을 했는데, 지금도 여전히 그 일을 하고 있다. 똑같은 물건을 팔면서…. 50년 동안 고생을 많이 했을 텐데도 고치지 못하고 있는 것이다.

넓히고, 바꾸고, 소통하면 누구든 고립에서 탈출할 수 있다. 노자는 말했다. "굳어 있는 것은 죽음의 족속이다[堅强者死之徒]."

고립된 사람은 식물인간이나 마찬가지다. 그는 실은 죽어 있는 인간인 것이다. 고립된 사람은 남이 자기를 돕지 않는다고 한탄한다. 그러나 이는 자기가 선택한 길일 뿐이다. 사람은 될성싶은 사람을 돕고자 한다. 고립을 자초한 사람은 하늘도 그를 도울 방법이 없다.

베풀 줄 모르는
유령 같은 사람

●   C는 어떤 선생님을 존경한다고 했다. 그런데 어느 날 사고를 당했다. 친지에게 사기를 당해 큰 손해를 본 것이다. 그래서 그 선생님에게 수업료를 반값으로 해달라고 부탁했다. 많은 돈은 결코 아닌데, 10만원을 5만원으로 깎은 것이다.

어쨌든 그런대로 괜찮았다. 다 깎은 것은 아니고 5만원이라도 내는 것이니…. 다만 이 사람이 사기를 당한 것은 선생님하고는 전혀 상관 없는 일이었는데, 선생님은 결국 5만원을 덜 받게 되었다. 그 선생님은 불만이 없었다. 그는 20년 넘게 많은 사람에게 무료강의를 해준 적도 있었고, 현재 그리 형편이 나쁜 것도 아니었다.

존경하는 사람을 대접하는 것은 뭔가 이익을 얻으려고 하는 것이 아니다. 존경의 표시일 뿐이다. 사실 존경심을 표현하는 사람에게는 더 큰 뜻이 있다. 훌륭한 사람에게 경건함을 바치는 것인데, 그로써 자신이 복을 받게 되는 것이다. 이것이 세상의 섭리다.

그 사건은 그냥 그렇게 끝났다. 나는 이 사건을 옆에서 지켜봤다. 그냥 그대로, 아무것도 아닌 일이었지만, 운명전문가인 나는 이 사건을 그렇게 보지 않는다. 실은 아무렇지도 않은 사건이 아니었던 것이다.

내용은 이렇다. C는 사기를 당하기 전에도 선생님에게 잘했던 것은 아니다. 사기를 안 당해서 살기 좋았을 때에도 그 선생님에게 식사 대접 한번 해본 적이 없었다. 그랬는데 자기가 사기를 당하자 그 선생님에게 수업료를 깎아달라고 한 것이다.

내가 옆에서 지켜보건대 C는 아직 운명이 개선될 때가 안 되었다. 과거에 이미 운명이 병들어 있어서 그런 사기를 당했는데 그 병이 치료가 안 된 것이다. 사람을 그렇게 대하는 것이 아니다. 더구나 존경하는 선생님에게 선물 한번 안 하고 많지도 않은 수업료를 깎았다. C는 평소 그 누구든 그런 식으로 대했다. 인간을 후하게 대접하는 법이 없었다. 다른 말로 인간에 대해 정성이 없고 무심했다.

C는 물론 남을 해치는 사람도 아니고 성격도 차분한 사람이다. 그저 맹물 같은 사람이라고나 할까! 싫다, 좋다가 뚜렷하지 않고 남의 신세도 안 지지만 베풀 줄도 몰랐다. 사람은 남에게 사랑이나 존경을 물질로 표현할 줄 알아야 한다. C는 그런 사람이었다. 유령 같은 사람!

C의 조짐을 볼 때 운명은 더 이상 나아질 바 없이 그냥 그대로 이어질 것이다. 남에게 베풀기를 아까워하는 사람은 하늘이 빼앗아가는 법이다. 물론 사기를 당한 사람이 다 그렇다는 것은 아니다. 다만 사기를 당했다고 해서 존경심마저 옹졸해지면 안 된다는 것뿐이다.

C가 착한 사람인 것은 맞다. 하지만 운명은 병들어 있다. 원인은 단순하다. 쩨쩨한 성품! 힘겹게 선물하고 도리를 다하는 사람은 반드시 하늘이 보상하는 법이다. 가난하다고 해서 마음마저 쩨쩨해지면 안 된다. 공자는 가난한 사람에게도 반드시 존경의 예물을 받았다. 선물한 사람에게도 부자와 똑같은 복이 오도록 가르침을 내려준 것이다.

망하는데도
법이 있다

망하는 법   망하지 않는 법   세상을 깔보다 망한다

●   세상에 나서 누구든 성공하고 싶을 것이다. 이 장에서 굳이 망하는 법을 이야기하는 것은 망하는 법을 배워 망하라는 뜻이 아니다. 오히려 망하는 법을 알게 되면 그 반대로 망하지 않는 법도 알게 된다. 부정의 부정은 강한 긍정이란 말이 있듯이 성공하고 싶은 사람이 절대 해서는 안 되는 행위를 망하는 법에서 배울 수 있다. 그것은 무엇일까?

내가 잘 알고 있는 E를 보자. 그는 돈 많은 사람을 보면 이렇게 말한다. "짜식이 돈만 많아 가지고…. 인생에 돈이 다냐?"

김연아를 보고는 이렇게 말한다. "스케이팅이라는 게 어려서부터 하면

116

누구나 할 수 있는 거 아냐? 뭘 저렇게 난리야?"

누가 무슨 일을 할 수 있다고 하면 이렇게 말한다. "네 까짓 게 그걸 할 수 있어?"

늘 이런 식이다.

누가 이렇게 물을 때가 있다. "저 사람 누굴까?"

이 질문에 E는 저 혼자 답한다. "별 볼일 없는 놈이야. 척 보면 모르겠어?"

대통령을 보고는 이렇게 평한다. "그런 거 하면 뭘해? 좀 있으면 쫓겨날 거야, 대통령은 다 썩었거든."

재벌에 대해서도 할 말이 있다. "다 아버지 잘 만나서 그렇게 된 거야. 원래 저 놈 그렇게 잘난 놈 아니거든."

예쁜 여자에게는 이렇게 말한다. "뭐야, 저게? 여우 같잖아!"

위대한 학자에 대한 평은 더욱 가관이다. "야, 야⋯. 공부가 밥 먹여주냐? 별 볼일 없는 놈이 책 몇 권 읽었다고 잘난 척하는 거야? 누군 그만큼 모르겠냐!"

좋은 자동차를 타고 다니는 사람에 대해서는 이렇게 말한다. "차만 좋으면 뭘해? 사람이 병신 같은데!"

사장에 대해서는 또 이렇게 말한다. "야, 그놈이 잘난 게 뭐 있어? 사장은 누구나 할 수 있는 거야. 돈 좀 있다고 뻐길 것 없잖아!"

E는 매사에 대해 이렇게 말한다. 사람을 깔보는 것이다. 자기 아버지

에 대해서도 한마디 한다. "앞뒤가 꽉 막힌 사람이야. 그러니 그 모양이지. 에이, 짜증나!"

세상에서 가장 별 볼일 없는 사람은 모든 사람을 깔보는 사람이다. 이 사람에게서 존경심이란 찾아볼 수 없다. 모든 사람이 우습게 보이는 것이다. 이 사람은 도대체 얼마나 위대한 사람인가?

첫째, 생긴 것부터 재수 없게 생겼다. 둘째, 돈이 없다. 셋째, 무식하다. 넷째, 예의가 없다. 다섯째, 친구가 없다. 여섯째, 의리가 없다. 일곱째, 약속을 안 지킨다. 여덟째, 절대 누구를 사랑하는 법이 없다. 아홉째, 비겁하다. 열째, 병신 같은 게 노래도 못한다….

한이 없다. 나는 이 사람에 대해 쉽게 200가지 못난 점을 말할 수 있다. E는 그런 사람인데도 누구를 깔보기 위해 혈안이 되어 있다. 혈안이라기보다 빤질한 눈이다.

이자는 친구와 식사를 하러 가서도 돈을 안 내려고 별 아첨을 다 떤다. 그리고는 나중엔 이렇게 말한다. "친구지간에 밥값 한번 낸 게 무슨 대수냐?"

결혼식장에 가서는 신랑에게 "큰일 못할 사람이군!"이라고 말하고, 신부를 보고는 "뭐, 어디서 저런 여자를 만났냐? 나 참, 보는 눈이 그렇게 없나?"라고 말한다.

안중근 의사를 보고는 이렇게 말한다. "할 일 없어서 총 쏜 거야. 나 같으면 아예 일본 왕을 쐈을 걸!"

118

택천쾌

온 세상을 깔보는 E는 모든 일이 망할 것이 틀림없다. 아닌 게 아니라 나는 그를 오랜 세월 봐왔는데, 계속 망해가고 있는 중이다.

그는 도대체 어떻게 생겨 먹었을까? 주역의 괘상에 택천쾌(澤天夬)가 있는데, 이는 소인배가 당치도 않게 높은 자리를 차지하고 귀인을 업신여긴다는 뜻이다. 이 괘상은 급락을 예고하고 있다. 세상에 천하고 또 천한 짓이 남을 깔보는 행위다. 깔보는 행위는 존경의 반대행위이고, 겸손의 반대행위이고, 사랑의 반대행위이고, 성공의 반대행위일 뿐이다. 누구든 적어도 남을 깔보는 짓만 안 해도 그는 제법 괜찮은 사람이다.

사람은 자기도 모르는 사이에 많은 사람을 깔보고 있다. 그래서 망하는 것이다. 겉보기에 자기보다 못나 보이지만 잘 보면 잘난 것이 있게 마련이다. 성공하는 사람에게는 남의 잘난 점이 보이는 법이다. 모든 사람을 깔보는 사람은 하늘이 외면하게 되어 있다.

윗사람을
받들어야하는이유

뿌리를 인정한다

자연의 법칙

아랫사람이 윗사람이 된다

● 　　　　　　　　　세상에서 사람은 크게 세 부류로 나 뉜다. 윗사람과 아랫사람, 그리고 대등한 사람이다. 이중에서 윗사람이라 고 하면 우선 나이 많은 사람을 들 수 있고, 직장에서는 상사, 학교나 사회 에서는 선배 등이 있을 것이다.

　윗사람이 누구인지는 다 알고 있다. 문제는 이 사람들을 어떻게 대해 야 하느냐이다. 쉽게 보면 군대에서는 복종이 최우선적 의무일 테고, 사회 에서는 예의, 단체에서는 직급에 따른 규범 등이 있을 것이다. 이 장에서 는 윗사람을 대하는 여러 가지 태도에 대해 자세히 논해보자.

우선 싸가지 없는 사람이 있다. 이는 윗사람을 대하는 자세가 틀려먹은 자

120

인데, 호로자식이란 말도 같은 뜻으로 쓰인다. 이외에 못된 놈, 버릇없는 놈, 애미 애비도 없는 놈, 위아래가 없는 놈, 근본이 없는 놈, 천한 놈 등도 마찬가지 의미로 쓰이고 있다.

공자는 윗사람을 대하는 예법을 특히 강조했다. 여기서 의문은 윗사람을 왜 그렇게 대해야 하는가다. 윗사람에게 정중히 대한다는 것, 여기에는 질서 개념이 깔려 있다. 깊게 들어가면 철학적, 종교적 문제로 확대되므로 여기서는 간단히 그 개요만 이해하고 넘어가자.

산풍고

윗사람을 함부로 대하는 것은 이른바 근원 부정인데, 이로써 우주가 약해지고 미래가 흔들리게 된다. 어른은 과거로부터 먼저 시작된 존재이기 때문이다. 다시 말하면, 아이들이 어른을 부정하는 것은 장차 어른이 될 자기 자신을 부정하는 것이 된다.

주역의 괘상에 **산풍고**(山風蠱)가 있는데, 이는 산을 무너뜨린다는 것으로 속으로 썩어간다는 뜻이다. 어렵게 생각할 것 없이 뿌리를 부정하면 현재의 존재가 위태롭게 되는 것이다.

이런 것은 이미 다 알고 있을 테니 운명에 작용하는 효과를 따져보자. 어른을 공경할 때 아랫사람의 입장은 어떨까? 아마 편하기 어렵고 괴로울 것이다. 그러나 이러한 괴로움을 기피한다면 자신은 결코 남의 어른이 될 수 없을 것이다. 운명적 언어로 높은 사람이 될 수 없다는 뜻이다. 다시 말해 윗사람을 잘 받들면 자신이 장차 높아질 운명이 된다는 의미다.

싸가지 없는 놈은 하늘도 그를 키워주지 않는 법이다. 이놈은 나중에 커서 하늘도 부정하지 않겠는가! 또한 우주도 부정할 것이다. 이런 자는 우주가 존립하는 데 해롭다. 그래서 자연의 법칙이 윗사람을 잘 받들지 못하는 존재는 우주에서 퇴거시키는 작용을 하게 된다. 아니면 영원히 아랫사람이 되어 윗사람을 받들어야 하는 벌을 내리기도 한다.

사회에서 윗사람을 잘 받들면 어디 가서나 칭찬받는 법인데, 숨어서 어른을 욕하거나 아예 대놓고 대들고 거역하면 자신도 그런 운명을 만나게 된다는 것은 그리 어려운 논리가 아니다. 자연의 법칙은 균형의 법칙이다. 아랫사람만 편하면 세상은 거꾸로 뒤집힐 것이다.

당신이 현재 아랫사람이라면 하루라도 빠르게 윗사람이 되기 위해 윗사람을 더욱 공경해야 한다. 아첨하라는 뜻이 아니다. 보이지 않는 곳에서도 윗사람을 생각하며 자세를 가다듬으라는 의미다.

윗사람에 대해 공경심이 없는 사람은 아랫사람에 대해서는 오히려 혹독한 자이니 도무지 세상에 이로울 것이 없다. 우리 사회만 하더라도 실력이 없어도 출세할 수 있지만 윗사람을 업신여기면 출세가 잘되지 않는다. 자기가 현재 아랫사람이라면 언제고 윗사람이 될 터인즉, 자신의 의무에 충실해야 한다.

천지 대자연의 섭리는 자신이 한 짓을 다시 되돌려받게 되어 있다. 그나마 윗사람이 되어 아랫사람에게 업신여김만 받게 되면 다행이다. 아예 영원히 윗사람이 될 수 없는 운명이 되는 것을 두려워해야 한다.

　직장이나 사회 혹은 단체에서 만난 윗사람을 우습게 보면 안 된다. 스스로 생각해보라. 자신이 아랫사람에게 무시당하면 얼마나 괴롭겠는가! 그런 죄를 당신이 범하고 있다면? 더 말할 나위가 없다. 위를 받드는 것은 장차 내가 윗사람이 될 자격을 만들고 있는 과정인 것이다.

매사에
엇박자를 놓는사람

무슨 일에든 부정

텅 빈 그릇처럼 쓸쓸한 인생

●   누가 J에게 말을 걸었다. "요즘 날씨
참 좋은데 우리 내일 산에 놀러 갈까?"

J는 대답한다. "산엔 뭐하러 가? 산이래봤자 나무 좀 있고 돌 좀 있는
데지, 뭐….."

바다에 가자고 하면 J는 이렇게 답한다. "바다야 뭐, 그게 물 좀 있고
모래 좀 있는 곳이지, 거길 왜 가?"

식당에서 나오면서 J는 옆사람에게 말한다.

"여기 뭐 먹을 것 없지? 다음엔 오지 말자!"

이 사람은 매사에 흥미가 없다. 아니 자기 혼자 있을 때라든가 자기에게 득

이 되는 일에는 흥미를 보인다. 하지만 다른 사람과 함께 있을 때면 꼭 그 사람의 흥을 깨고 만다. 모임이나 회식자리에서는 10분만 지나면 어차피 끝날 자리인데도 먼저 일어난다. 여러 사람이 있는 곳에서 누가 진지한 이야기를 하면 일어나 화장실에 간다. 여럿이서 재미있게 이야기를 하고 있으면 홀로 휴대폰을 들여다본다. 남이 하는 일에는 언제나 엇박자를 놓는다. 친구가 웃자고 자랑 좀 하면 전혀 반응을 않고 딴 곳을 본다. 자신과 관련된 불평을 말하면 짐짓 못 알아들은 척하며 하품을 한다.

J는 남이 잘되는 꼴을 못 본다. 여러 사람이 모이면 자꾸 부산을 떨어서 집중을 못하게 한다. 박수를 칠 때는 건성으로 치고, 모임에는 늦게 나타난다. 식당에서 누가 메뉴를 정하면 꼭 바꾼다. 남들이 기분 좋아하고 있으면 우울증 증세를 보인다. 남에게 경사가 생겨도 절대로 축하해주는 법이 없다.

한마디로 J는 김새게 만드는 사람이다. 이 사람은 언제나 남을 맥빠지게 한다. 남이 말할 때 그를 바라보거나 맞장구를 쳐주는 법도 없고, 남의 성공을 기뻐하는 법도 없다. 어디를 함께 놀러 가도 신나는 모습은 보이지 않고 항상 지쳐서 끌려가는 듯 보인다.

이 사람은 뭐가 불만일까? 차라리 불만이라도 있으면 좋을 것이다. J는 남이 재미있어하는 꼴을 보지 못하고, 사람들이 무엇인가 합심을 하려면 반드시 그것을 방해한다. 이 사람은 세상에 나서 아무것도 하지 말자는 것처럼 보인다. 사실 자기는 빠져도 좋다. 하지만 남과 함께 있으면 보조를 맞추는 것은 타인에 대한 최소한의 배려다. 아니 보조를 맞추지 않아도 좋다. 김새게 만드는 짓은 하지 말아야 할 것이다.

주역의 괘상에 **풍수환(風水渙)**이 있는데, 이는 줄줄 새어 나가서 모든 것이 흩어진다는 뜻이다. 이 괘상은 기운이 쌓여 있는 것을 쏟아버린다는 의미도 있는 바, 모든 것을 무산시킨다는 깊은 상징이 있다. 만약 이런 짓을 계속하는 사람이 있다면 그는 세월이 갈수록 차차 기운이 흩어져 맥을 못 추게 될 것이다. 또한 남에게 항상 김새는 짓만 골라 했기 때문에 스스로의 인생도 다된 밥에 재가 뿌려지는 운명을 맞이할 것이다.

사람은 자신의 일을 하는 가운데 남을 거들 줄 알아야 한다. 이것이 사람이 모여 사는 이유다. 누구든 속상할 때 어디 가서 푸념이라도 하고 싶을 것이고, 일이 잘 풀리고 있으면 자랑도 하고 싶을 것이다. 하지만 J는 이를 용납 못한다. 항상 김이 빠지게 만들어야 속이 시원하다. 참으로 맥 빠지고 김새게 하는 일을 J는 항상 만들어낼 준비가 되어 있다.

인생에서 남의 흥을 깨고 기운을 빼고 살아가는 사람은 크게 고독해질 운명이 기다리고 있다. 풍수환의 괘상은 그릇을 텅텅 비게 한다는 상징인 바, 이런 사람은 텅 빈 그릇처럼 인생이 허전하게 되지 않겠는가! 주역의 괘상은 반드시 미래를 나타나게 하는 법이다. 남을 거들어주지 않거나 김새게 하는 사람은 세상이 재미없어지기를 바라는 것이니 결국 그의 인생도 재미없어질 것이다.

말 많은 사람은
왜 불운한가?

복을 스스로 없앰

먼 빠진 독에 물 붓기

●   내가 아는 사람 중에 K가 있다. 이 사람은 아주 말이 많은데, 어느 정도인가 하면 함께 극장을 갔을 때 영화가 상영되는 중에도 말을 멈추지 않는다. 그는 말을 하고 싶어서 영화가 끝나기를 기다리지 못하는 것이다. K 말고도 내 주변에는 말을 끝없이 해대는 사람이 많은데, 여러분들도 그런 사람을 많이 봤을 것이다.

심한 사람은 말을 하지 않고 있으면 기절할 것 같다면서 미리 양해를 구하기도 한다. 그에게 말을 하지 않고 참으면 어떻겠느냐고 물었더니 그것은 도저히 불가능하다면서 울상을 짓는다. 이런 사람은 당연히 정신과 치료를 받아야 하는데, 조기에 치료를 하지 않으면 나중에 거리에서 저 혼자 말하면서 돌아다니게 된다. 그쯤 되면 치료가 상당히 어렵다.

이런 정도의 사람이 아니더라도 말이 많은 사람은 누구나 싫어하는 법이다. 하지만 대부분의 사람들은 제발 말을 그쳐줬으면 하고 바랄 뿐 억지로 막지는 않는다. 그 사람이 무안해할까봐서다. 남들은 그를 그토록 배려해주는데도 그 사람은 말을 그치지 않는다. 참으로 잔인한 행동이 아닐 수 없다. 흔히 웃기는 말로 말 많은 사람을 두고 '귀 강간을 하는 사람'이라고 하는데, 웃을 일은 아니고 실제로 그는 귀 강간을 하고 있는 것이다.

노래방에서 매번 마이크를 독차지하는 사람도 이와 비슷한데, 말 많은 사람이 더욱 사악한 편이다. 왜냐면 말 많은 사람은 주변에 많은 피해를 주기 때문이다. 그가 속한 모임 자체를 망가뜨리기 일쑤고, 단 둘이 있을 때는 한 사람의 인생을 빼앗는 셈이 된다.

말 많은 사람을 일일이 다 열거할 수는 없다. 그런 사람이 너무 많기 때문이다. 한 사람만 더 소개한다. L은 교수인데, 말이 너무 많았다. 어느 날 L과 나, 그리고 한 스님이 만났다. 스님이 말했다. "교수님! 우리 1분씩 돌아가면서 말하기로 해요." 그랬더니 교수는 "그럽시다!" 하고 흔쾌히 약속했다.

그러나 이것은 지켜지지 않았다. L이 1분은 부족하니 3분씩 하자고 해서 스님이 허락했다. 하지만 3분 약속 역시 지켜지지 않았다. 그러자 스님이 다시 제안했다. 3분 이상 말하면 입을 막기로.

L이 말하기 시작하자 스님은 카운트다운을 하면서 3분이 되어가는 것을 알렸다. 하지만 이 역시 지켜지지 않았기 때문에 스님은 약속대로 L의 입을 막았다. 그랬더니 L은 스님의 손을 잡아 꼼짝 못하게 하고 말을 계속

했다.

그래서 새로운 약속이 정해졌다. 이번에는 3분 이상 말이 계속되면 목을 조르기로 했다. 잠시 후 L이 말을 하기 시작했다. 하지만 이번 역시 L은 3분을 넘겼다. 그러자 스님은 진짜로 목을 조르기 시작했다. 아주 심하게 졸라서 위험할 지경이 되었는데, L은 겨우 손을 밀쳐내고 캑캑대면서 사정을 했다. "죄송한데요 스님, 3분만 더 말하게 해주세요!"

그러나 스님은 자리를 박차고 떠났다. 이제 L과 나만 남았는데, L은 신나서 말을 계속 토해내고 있었다. 나는 슬쩍 일어나 그곳을 떠났는데 L은 혼자 계속 말하고 있었다. 사람이 가버린 것도 모르고 말이다.

이쯤 해두자. 여러분도 말 많은 사람에게 피해를 본 경험이 있을 것이다. 세상에는 그런 사람이 너무도 많다. 이런 사람들은 죽는 날까지 남에게 피해를 줄 것인즉, 제발 여러분이 그런 사람이 아니기를 바란다.

그러면 여기서 말 많은 사람 자체를 해석해보자. 그에게는 무슨 뜻이 있을까? 주역의 괘상으로 그런 자를 풍천소축(風天小畜)으로 분류한다. 이 괘상은 에너지를 소모하고 살아 있는 존재를 제거한다는 의미가 있다. 말 많은 사람은 쌓여가는 복을 실시간으로 없애가는 중이라서 행운을 절대 기대할 수 없다.

복을 오게 하는 것도 중요하지만 날아가지 않게 하는 것도 그에 못지않게 중요하다. '밑 빠진 독에 물 붓기'라는 말이 있는데, 아무리 물을 갖다 부어도 다 새어 나간다는 뜻이다. 우리 인생이 이렇다면 큰일 아닌가!

말 많은 치명적 버릇은 어떻게 해서든지 고쳐야 한다. 직장도 그만두고 사업도 쉬면서 말 많은 버릇부터 고쳐야 한다. 많이 늙지도 않았는데 기력을 못 펴는 사람은 말 많은 것이 원인이다. 사업에 막대한 돈을 투자했는데도 이익이 나지 않는 것도 말이 많기 때문이다. 말 많은 사람은 노력도 헛일이 된다. 그러니 입부터 단속해야 한다. 말을 많이 하는 것은 입으로 피를 토해내는 것과 마찬가지다.

남의 말을
들어준다는 것

●   과묵한 사람이 있는데, 이런 사람은
산의 성품을 가진 사람으로서 매사가 안정되어 있다. 바람직한 사람이라고
할 수 있다. 그러나 과묵함이 지나쳐 말을 거의 하지 않는 사람도 있다. 이
런 사람은 어떤 사람일까? 세심히 따져보자.

어린아이들이 대답을 잘 안 하는 경우가 있는데, 이런 아이들은 커서 협력
이 잘 안 되는 어른으로 성장할 가능성이 많다. 대답이란 남과 소통하는 첫
신호인데, 이것이 분명치 않은 사람은 문제가 있다.

　우리가 어느 식당에 가서 무엇을 주문했다고 해보자. 예를 들어 깍두
기를 좀 달라고 했는데 종업원이 대답을 하지 않고 가버린다면 기분이 어

떨까? 제대로 하려면 "깍두기요? 네!"처럼 대답을 분명히 하고 가지러 가야 한다. 사람간의 통신은 분명하고 정중해야 한다.

매사에 대답을 안 하는 사람을 보자. '네'라고 대답을 해야 하는데, 고개만 끄덕인다. 또 어떤 사람은 대답을 하는데 약간 늦다. 이런 사람은 못마땅함을 그렇게 표현하는 것이다. 대답이란 정중한 반응을 의미하는데, 이것을 하지 않는 것은 상대방을 대놓고 무시하는 행위다. 대답을 일부러 작게 하는 행위도 무례와 거역을 품고 있는 태도이다.

수산건

그러나 이보다 더 나쁜 행위가 있다. 아예 반응을 안 하는 것이다. 이렇다저렇다 무엇인가 자신의 뜻을 보여줘야 하는데 묵묵히 듣고만 있다. 실은 들었는지도 알 길이 없다. 얼굴을 봐도 무표정이다. 이런 사람은 남의 존재를 완전히 무시하거나 또는 귀찮으니 꺼지라고 방송하고 있는 것이나 마찬가지다.

남이 말할 때 반응이 일체 없는 사람은 남의 말에서 힘을 빼거나 방해한다. 흐름을 파괴하고 기분에 먹칠을 한다. 참으로 흉측한 사람인 바, 주역의 괘상으로 수산건(水山蹇)에 해당한다. 이 괘상은 어둠 속에 숨어서 꼼짝하지 않는 것을 나타내는데, 운명이 흉하기로는 더할 나위가 없다. 어둠 속에서 도사리고 있는 벌레를 생각해보라. 얼마나 소름끼치는가!

이런 사람은 감옥에 가거나 고립되거나 좌절하거나 몸이 점점 무거워져 불구가 되는 운명이 기다리고 있다. 남의 말을 거들어주거나 듣고 있다는 반응을 분명히 해주는 것은 태양이 바다에서 떠오르는 모습과 같다. 세상이 밝도록 도와주는 행위인 것이다. 반면 묵묵부답의 행동은 세상을 어둡게 만들고 협력을 부정하는 것이다.

공자는 이렇게 말했다. "소인은 함께하지만 화합하지 않는다[小人同而不和]."

화합은 인간끼리의 협력인 바, 하늘 아래 이보다 중요한 것이 따로 없다. 인격이란 것은 모두 화합을 바탕으로 만들어지는 것이다. 화합이 깨지면 인간 세상도 붕괴된다. 오늘날 인간이 문명을 일으키고 만물의 영장으로 군림하게 된 원인도 바로 화합에 있었다. 가정도 부부가 화합하지 않으면 번창할 수 없다. 기업이나 국가도 마찬가지다. 사람은 사람의 일에 반응하고 거들어주고 나아가 협력에 이르러야 한다. 이것이 세상을 이롭게 만드는 행위다.

군대에 복창이라는 것이 있는데, 이는 상관의 명령을 알아들었다는 신호이자 순종의 의미를 담고 있다. 이로써 군대는 강해진다. 군대는 최상의 협력집단을 이룩한 존재다.

반응을 전혀 하지 않는 사람은 함께 있어도 함께 있는 게 아니다. 그 사람은 온 세상을 무시하는 자라서, 하늘이 그의 존재를 지워버릴 수밖에 없다. 세상은 함께 움직이고 있는 존재다. 한 개인의 운명도 그 속에 포함되어 있을 뿐이다.

그러나 남을 무시하는 것보다 더 나쁜 것은 무반응인데, 이런 사람은 저 스스로 거대한 흐름 속에서 퇴출된다. 남의 말에 반응을 잘하는 사람은 운명 개척도 빠르게 진행되는 법이다. 생동하는 존재란 다름이 아니다. 반응을 잘하는 사람을 뜻한다. 운명은 살아 있는 존재에게만 나타나는 꽃과 같은 것이다.

올바른
운명 비교법

운명은 기하급수적으로 전개된다

●   A는 제법 괜찮은 사람이었다. 여러 방면에 뛰어난 실력이 있고, 따르는 사람이 구름처럼 많았다. 성격도 밝아서 하루하루 사는 게 행복했다. 그런데 어느 날부터인가 화도 잘 내고 의기소침해졌다. A는 자기통제력이 뛰어나기 때문에 시간이 좀 지난 뒤에는 원래대로 회복되긴 했다. 그러나 가끔 가다 이상해지는 것이다. 바로 우울증세다.

나는 A를 수십 년 봐왔는데 그의 사전에 우울함이란 없었다. 오히려 우울증에 빠진 사람이 A를 보면 마음이 금방 밝아지곤 했다. 그런 A가 어째서 저렇게 우울증에 빠지게 된 걸까?

그는 우울증 때문에 심장도 많이 약해지고 있었다. 그러던 중 나를 찾아왔다. 고민을 털어놓고 위로를 받고자 했던 것이다. A는 말했다. "나 같은 사람은 천년을 죽자고 일해도 재벌을 쫓아갈 수가 없어. 참 쓸쓸한 인생이야. 내가 참 잘났다고 생각했었는데 이제 보니 그저 머슴 같은 존재에 지나지 않아. 저 사람들은 뭐가 그토록 잘났기에 재벌이냔 말야. 저 사람들 하루 용돈이 내가 일년 버는 돈보다 많더구만. 기가 막혀….."

그는 일 때문에 가끔 재벌을 만나러 다녔다. 재벌이 그에게 술도 사주고, 기술 자문도 받고, 그를 존경하기도 하는데, 다녀온 뒤에는 항상 우울증에 시달리고 꼬박 일주일 정도를 기운 없이 지냈다.

나는 A의 문제가 무엇인지 충분히 알 수 있었다. A는 심한 열등감에 빠져든 것이다. 대다수 사람들은 무심히 자기 인생을 살아갈 텐데, A는 재벌과 비교하면서 스스로를 비하하고 있는 것이다.

A는 특히 운명에 대해 한탄하고 있었다. 재벌과 자신이 그토록 차이가 난단 말인가? 나도 총명하단 말을 들어왔고 열심히 살았고 착하게 살아왔는데 지금 이런 꼴이고, 재벌은 하늘 같은 존재인가 말이다! 뭐가 얼마나 잘났기에 그런 운명이 될 수 있었나? 나는 영원히 이렇게 살다 죽겠지?

A는 특히 도전정신이 강해 재벌과 자신을 비교했을 것이다. 자기도 재벌이 될 수 있다고 꿈을 키웠을 텐데 결국 감당할 수 없는 무력감을 느꼈던 것이다. 우리는 남과 비교할 때 대개 겉모습을 가지고 비교한다. A는 재벌의 재산과 자기가 버는 연봉을 비교했다.

나도 언젠가 재벌과 비교해본 적이 있다. 하지만 답은 뻔했다. 내가 오늘 로또복권에 당첨되고, 다음 주에 또 되고, 이런 식으로 한 번도 쉬지 않고 백년 동안 계속 1등이 된다면 재벌이 될 수 있지만, 지금처럼 일해서 버는 돈으로는 만년을 모아도 재벌은 꿈도 못 꾼다. 내가 단군보다 오천년 더 일찍 태어나 지금까지 꼬박 만년을 일한다고 해도 재벌이 될 수 없다니, 참으로 허탈하지 않을 수 없다. A도 이런 마음이었을 것이다.

그러나 A는 크게 잘못 생각한 것이 있다. 비교는 결과물을 가지고 하는 것이 아니다. 수능점수는 단지 1점 차이인데 누구는 대학시험에 합격했고 누구는 떨어졌다면, 1점이란 원인이 합격과 불합격이라는 매우 다른 결과를 만든 것이다. 이것이 꼬리표처럼 평생 따라다니며 괴롭힌다. 운동선수는 어떤가. 고작 0.1초 늦어서 금메달을 못 따는 경우가 허다하다. 그런데 금메달을 딴 선수는 승리자, 메달을 따지 못한 선수는 패배자로 인식된다. 이런 사례들이 결과 위주의 비교다.

이제 제대로 된 운명 비교법을 설명한다. 결과 위주로 비교하면, 재벌은 수조원을 가지고 있고 나는 일년에 천만원을 벌므로 내가 만년이 지나야 1조원을 모으고 재벌 소리를 들을 수 있게 된다. 하지만 내가 만일 일년에 10배씩 성장한다면 어떻게 될까? 5년 후에는 1조원이 된다! 즉, 나는 재벌이 될 수 있다!

운명은 산술급수적으로 전개되는 것이 아니라 기하급수적으로 전개된다. $10+10+10+10\cdots$이 아니고 $10\times10\times10\times10\cdots$ 이런 식이다. 재벌과 나는 큰 차이가 없는 것이다.

운명적 발전은 차곡차곡 쌓이는 것이 아니라 껑충껑충 몇 배씩 불어난다. 실제로 나와 가까운 사람이 일년 만에 큰 부자가 된 것을 보았다. 일년에 백만원밖에 못 벌던 사람이 일년 만에 백억원을 번 것이다. 그리고 그 후에도 비약적으로 계속 발전하는 중이다. 틀림없이 재벌도 될 수 있을 것이다.

남과 나를 비교할 때는 지금 보이는 결과물을 기준으로 삼아서는 안 된다. 운명은 미사일 스위치 같은 것이다. 출발은 초라하지만 일단 불이 붙으면 엄청난 결과를 만들어내는 것이다.

3

떠나간 운도
돌아오게 하는 법

평소에 조금씩 복을 쌓아라

운명 개척의 비밀

작은 행동들이 운명을 만든다

● 　　　　　　　　운명이 갑자기 확 좋아지는 방법, 이
를테면 비결 같은 것은 없을까. 이런 것이 있으면 세상 살기 참 편할 것이
다. 하지만 그러한 방법은 원리상 존재할 수가 없다. 운명이란 축적(蓄積)
에 의해서만 존재하기 때문이다. 아무리 재수 없는 짓을 해도 그것 한번 때
문에 운명이 나빠지지는 않는다. 물론 좋은 짓 한번 했다고 운명에 별 영향
이 없는 건 마찬가지다.

　　좋은 짓이든 나쁜 짓이든 그것이 누적되어야 운명으로 고착되는 법이
다. 티끌 모아 태산이란 속담이 있다. 운명이야말로 티끌 같은 자그마한
행동이 반복되는 가운데 그것이 태산처럼 커다란 운명을 만든다. 운명이
이러한 원리로 만들어지므로 평소에 삼가야 하는 것이다. '한번쯤이야 어

떠리' 하고 무심코 시작하면 그것이 어느새 운명이 되어버린다. 사람은 누구나 한번 한 짓을 다시 하고 싶어하는 성질이 있는 바, 처음에 잘 행동해야 하는 이유다.

그런데 사람들은 오랜 세월 힘써야 얻게 되는 결실을 쉽게 무시하곤 한다. '어느 천년에 그것이 결실을 맺겠는가!' 하면서. 하지만 이런 식이면 사실 언제나 제자리다. 운명을 만드는 행위는 이왕이면 곱게 행동한다는 뜻인 바, 이 효과는 의외로 크다.

사실 인생의 큰 성취는 눈에 보이는 계획에서 이루어지는 것보다 자기도 모르게 쌓아놓은 운명 때문에 이루어지는 경우가 훨씬 더 많다. 아니 거의 전부라 해도 과언이 아니다. '노는 입에 염불한다'라는 말이 있는데, 이는 평소에 조금씩 복을 쌓아가라는 뜻이다.

우리는 대개 몇 년 앞날은 생각하면서 살지만, 수십 년 앞날을 생각하며 무엇을 하지는 않는다. 잘 생각해보면 오랜 계획이 성공하는 법이다. 어떤 사람이 5개년 계획을 세우고 실천해 나간다면 이는 미래를 어느 정도 기대하면서 나아가는 것이다. 반면 50년 계획은 막막하고 앞이 잘 보이지 않는다. 그러나 오랜 계획은 단거리보다 훨씬 성공 확률이 높다. 게다가 아주 먼 훗날을 바라보며 시작한 계획은 실패해도 상당히 많은 부수입을 얻게 되는 법이다.

아주 사소한 장기적 계획의 예를 들어본다. 아는 사람을 마주쳤을 때 고개

화택규

숙여 가볍게 인사하는 버릇은 어떨까? 동네 슈퍼 주인, 이웃, 안면이 있는 사람에게 무조건 인사성 바르게 행동하는 것이다. 나이가 아주 어린 사람을 봤을 때는 미소 정도도 괜찮다. 이런 행동이 뭐가 어렵겠는가! 시간이 드는 것도 아니고 돈이 드는 것도 아니다. 하지만 이런 행동을 50년 동안 한다면 그로써 반드시 복을 받게 되어 있는 바, 운명 개척은 이토록 쉬운 것이다.

친절도 운명 개척에 좋은 방법 중 하나다. 친절은 주역의 괘상으로 화택규(火澤睽)인데, 태양이 떠오르듯 발전한다는 뜻이다. 사람에 대한 친절은 그리 어려운 것이 아니다. 오히려 불친절하기가 더 힘들다. 그런데 친절은 아주 좋은 운명을 끌어들이는 것이니 얼마나 손쉬운가!

평소에 복 받을 행동을 계속하면서 사는 것이 훌륭하게 인생을 사는 것이다. 좋지 않은 짓을 한다고 해서 그것이 당장 득이 되는 것도 아니다. 오히려 재앙을 저축하는 것이니 제발 어리석게 살지 말아야 할 것이다.

오랜 축적은 원래 힘들이지 않고 할 수 있는 법이다. 나는 10대에 이미 이 원리를 알고 있어서 평소에 책을 많이 읽으며 살아왔다. 그런데 이것을 50년 동안 계속하다 보니 만 권의 책을 읽게 되었고, 이것이 더할 수 없는 인생의 복을 이끌어냈다. 책 봐서 재미있고 나중에 유식해지고, 또한 그로써 인격도 쌓여 복까지 받으니 꿩 먹고 알 먹고가 아닌가!

축적이란 원래 어려운 것이 아닌데 성질 급한 사람이나 지금 당장 이익을 보려는 사람에게는 죽도록 하기 싫은 것이다. 그러나 알아야 한다.

작은 것에 꾸준하면 그것은 거대한 계획보다 낫다는 것을. 인생은 멀리, 더 멀리, 아주 멀리 보면서 살아야 한다. 복 받는 사람은 다 이렇게 해서 복을 받은 것이다.

작은 틀을 깨면
큰 틀이 생긴다

큰 그릇이 되려면

나는 많은 사람을 오랜 세월 동안 봐 왔다. 그래서 자연스럽게 그 사람의 과거와 현재를 비교할 기회가 있었다. 과연 인간은 과거에서 현재를 거치며 얼마나 바뀌는가? 한 20년 정도를 생각해보자. 10년이면 강산도 변한다는 말이 있는데, 20년 정도면 아주 많이 변한다고 추측할 수 있다.

하지만 내가 본 아주 많은 사람들은 20년 전과 별다른 차이가 없었다. 물론 약간 변하기는 했지만 그들의 생활에 특별한 변화가 있는 건 아니었다. 그들 중 90% 정도는 그냥 근근이 살아가고 있어서 예전에 봤던 궁색한 모습 그대로였다. 나머지 10% 중에서 절반 이상은 더 나빠졌다. 5%만이 약간 좋아졌는데, 그들은 예전에도 희망이 있다고 보였던 사람들이다.

사람은 왜 이토록 변하지 않을까? 근본이 바뀌지 않기 때문이다. 사람마다 삶의 철학이 있을 텐데, 그것은 원래 좀처럼 바뀌지 않는 법이다. 저들 중에서 그나마 삶에 약간의 철학이라도 있는 사람은 제법 괜찮은 편이었다. 대부분은 삶의 의미를 생각하지 않고 그때그때 태평히 살고 있다.

이 점이 중요하다. 삶에 대한 철학이나 개념이 없는 사람은 그릇이 작은 사람이다. 그런 사람이 찻잔 속에서 태풍을 일으켜봤자 그게 그거다. 근본은 영구적으로 변치 않는 것이다. 이래서는 한평생이 지나가도 뻔한 모습에서 벗어날 수 없다. 운명이 나쁠 것도 없이 인생이 시시해지는 것이다.

사람은 먼저 통을 키워야 한다. 쩨쩨한 사람은 운명이 좋게 변할 여지가 없다. 그 나물에 그 밥이다! 사람의 그릇이 달라지기 위해서는 무엇인가 특별한 계기가 있어야 한다. 공부를 많이 했다거나 훌륭한 사람을 만나 배움이 있었다거나 인생의 시련을 통한 깨달음이 있었다거나 등 근본이 흔들려봐야 한다.

내부에 자극이 없는 사람은 금방 잊어버리고 자기 모습을 그대로 유지한다. 지나온 세월을 돌이켜보라. 너무 태평하게 또는 무미건조하게 보내지 않았는가? 격렬한 변화를 시도해본 적이 있는가! 사람은 그릇 속에 많이 담는 것이 능사가 아니다. 텅 비어 있을지언정 그릇 자체를 키워야 한다.

천택리

큰 그릇은 주역의 괘상으로 **천택리(天澤履)**다. 이 괘상은 하늘이 도와 모든 것을 소유하게 된다는 뜻이다. 큰 그릇이 되라는 말은 많이 들어봤을 것이다. 이는 규모를 말하는 것으로, 소박하게 큰 욕심 안 내고 살겠다는 생각은 조상을 모욕하고 후손에게 실망을 안겨주는 행위와 다르지 않다. 마음껏 날아 남보다 나은 위치에 가겠다는 포부는 하늘이 보기에도 좋다.

하늘이 어떤 사람에게 행운을 주려고 해도 그릇이 작은 사람에게는 딱히 줄 것이 없다. 욕망이 작은 사람은 일부러 성공을 피해 가는 것과 다를 바 없다. 어째서 그렇게 소심할까! 위대함을 향해 나아가는 것이 삶의 보람이다. 실패해도 어쩔 수 없는 일이지만 성공해도 별 볼 것이 없는 사람이라면 인생이 아깝다.

그릇이 작은 원인은 무엇일까? 자기 틀을 지키기 때문이다. 이를 고치려면 어떻게 해야 하는가? 간단하다. 자기 틀을 깨버리면 된다. 작은 그릇을 깨면 반드시 큰 그릇이 생기는 법이다.

선물은 반드시
돌아온다

여러분은 누군가에게 선물을 해본 적이 있는가? 만일 지금까지 선물을 한번도 해본 적이 없다면 당신은 끔찍한 재앙을 맞닥뜨릴 각오를 해두어야 할 것이다. 어떻게 인간이 되어 이제까지 단 한번도 남에게 사랑을 실천할 수 없었을까? 가난해서? 이런 핑계를 대는 사람이 있다면, 그는 평생을 변명으로 일관할 사람이니 진실마저 외면하게 될 것이다.

선물이란 무엇일까? 이는 존경의 표시이고 사랑의 증거다. 삶이 우리 몸이 있어서 가능하듯이, 인생이란 마음만으로는 되는 것이 아니다. 흔히 '마음이 중요하지 물질이 뭐 그리 중요한가?'라고 말한다. 그러나 그렇지 않다. 마음이란 행동에 깃드는 것이지 행동 없이 마음이 존재하는 것은 불

148

가능하다. 맹자도 말한 바 있다. "마음이 있으면 행동이 있고, 행동이 있으면 마음이 있다[志壹則動氣 氣壹則動志]."

남에게 선물 한번 준 적이 없다면 이는 한번도 사랑을 해본 적이 없다는 뜻이다. 또는 사랑하는 사람은 있었어도 그것을 물질로 표현하지 않았다는 뜻이다. 이 사람은 유령인가? 인생을 살아가면서 눈에 보이는 행동을 하지 않았다니!

그 누구도 사랑하지 않는 사람이라면, 그는 세상을 차지하고 있으면서 그 은덕에 보답하지 않는 사람이니 암과 같은 존재가 아닐 수 없다. 인생이란 항상 남과 어울려 살아야 하는 법이다. 남에게 조금이나마 기쁨을 선사할 수 없는 사람이라면 그는 존재하는 자체로 세상에 부담을 주는 사람임에 분명하다.

우리 몸의 암덩어리는 무엇인가? 그것은 몸 안에 존재하면서 몸에 좋은 일은 전혀 하지 않는 존재다. 그래서 우리 인체의 면역체계는 그것을 없애려고 애쓰는 것이다. 세상에 암과 같은 존재가 있다면 어찌 하늘이 그를 제거하지 않기를 바랄 수 있을까!

하늘 아래 존재하는 만물은 존재의 조건이 붙어 있다. 반드시 남에게 이로운 일을 할 수 있는 그 무엇인가가 있어야 한다. 만약 세상에 전혀 쓸모 없는 존재가 있다면, 그것은 진화의 대열에서 사라져 멸종에 이르렀을 것이다. 인생이란 사는 동안 남에게 무엇인가 반드시 베풀어야 하는 의무가 있다. 이것은 하늘에 대한 예의이고 체면이다.

주역의 괘상에 **천화동인**(天火同人)이 있다. 이 괘상은 하늘에 뜻을 바친다는 의미로, 선물을 많이 하는 사람은 그 자체가 하늘에 예물을 바친다는 상징이다. 애써 선물을 하는 사람이 있다면 그는 그 자체로 운명이 개선될 것이 틀림없다. 평생 선물을 많이 하고 살았는데 계속 불행해진 사람이 있는가!

남을 일시적으로나마 행복하게 해준 사람은 반드시 하늘로부터 보상이 있는 법이다. 선물이란 물질로써 존경 또는 사랑을 확실히 표시하는 것이다. 선물은 더할 수 없는 물증이다. 저 옛날 공자는 제자를 받아들일 때 반드시 예물을 받은 바 있다. 예물은 존경의 표시다.

존경은 있는데 예물을 마련할 힘이 없다고? 그렇다면 그것을 마련할 때까지 공부를 미뤄야 한다. 학문이란 애써야 성취하는 법인데 예물 정도 마련할 노력이 없다면 그는 이미 학문은 틀린 것이다. 공자는 예의를 중시했는데, 그 이유는 예의라는 것에 존경과 사랑이 깃들어 있기 때문이었다.

만일 어떤 남자가 여인을 좋아할 때 선물을 한번도 주지 않았다면 과연 사랑이 이루어졌을까? 자식에게 한번도 선물한 적이 없다면 자식이 부모의 사랑을 어떻게 느낄 수 있을까? 부모에게도 마찬가지고, 은사에게도 마찬가지고, 아랫사람이나 윗사람도 마찬가지다.

만일 선물을 전혀 모르고 사는 사람이 있다면, 그는 우리 인생에 참여하지 않는 사람이므로 그를 완전히 무시해도 좋을 것이다. 무서운 사람이 따로 없다. 선물에 인색하거나 아예 하지 않는 사람이라면 그런 사람은 상종하지 않는 것이 좋다. 함께 지내면 함께 벼락을 맞는 수가 있다.

선물과 뇌물은 다르다. 뇌물은 사랑이 아니라 수단이다. 정작 선물을 하지 않는 사람은 뇌물은 능숙하게 하고 있다. 그에겐 공짜가 없다. 그러나 내가 만일 남에게 선물을 하고 대가를 바라지 않는다면 반드시 하늘이 보상해줄 것인즉, 선물을 아까워 말라. 선물은 열쇠와 같은 효과가 있다. 행운의 문이 절로 열리게 되어 있는 것이다.

흥은 떠나간 운도
돌아오게 한다

●　　　　　　　　　　　　　　　뉴욕 맨해튼에서의 일이다. 내가 큰
도로를 걷고 있을 때 한 흑인이 눈에 띄었다. 그는 키가 크고 마른 체격이
었는데, 기가 죽어 있었다. 나는 세상에 그렇게 기가 죽어 있는 사람은 그
때 처음 보았다. 긴 팔은 축 늘어져 있고, 고개는 숙이고, 터벅터벅 걷는
걸음걸이에 얼굴은 만사가 귀찮다는 표정을 짓고 있었다.

　이 사람은 무슨 일을 당한 걸까? 행색을 보면 노숙자는 절대 아니고 정
신상태가 이상해 보이지도 않았다. 술을 마신 것도 아니었다. 구두나 옷차
림은 멀쩡했고, 비틀거리지도 않았다. 그저 축 늘어져 있을 뿐이었다. 무
슨 일인가 크게 낙심한 것이 틀림없었다.

　나는 그 사람이 너무나 불쌍해 보였다. 그가 고민하는 일이 제발 잘 풀

152

리기를 바랐다. 어떻게 보니 그 사람은 선량한 사람이란 생각도 들었다. 나는 그를 몰래 바라보면서 한참 동안 같은 방향으로 걷고 있었다. 그 사람이 너무 처량하여 계속 걱정스런 눈길을 보내면서 말이다.

그런데 이상한 일이 생겼다. 그의 걸음걸이에 순간적으로 힘이 들어간 것이다. 늘어진 어깨에도 힘이 깃들었다. 팔도 위로 쳐들었다. 웬일일까? 게다가 얼굴색도 밝아지고 있었다. 너무 신기해서 그를 계속 바라봤는데, 괜히 나도 기분이 좋아졌다. 그는 점점 더 밝아졌다.

이유는 알 수 없었다. 급기야 그는 춤추듯 몸을 움직이는 것이 아닌가! 미친 것이 아니었다. 춤이 분명했다. 리듬이 딱딱 맞는 훌륭한 동작이었다. 그는 계속 춤을 추면서 앞으로 나아가고 있었다. 나는 속으로 미소를 지으며 그 사람이 갑자기 춤을 추게 된 이유를 알고 싶어서 계속 주시하였다.

거리에는 많은 사람이 지나가고 있었는데, 그를 의식하는 사람은 없었다. 미국인은 원래 그렇다. 그들은 남의 행동에 간섭을 잘 안 하는 국민성인 것이다. 어쨌건 그 사람은 좋은 기분이 유지되고 있었다.

나는 돌연 그 이유를 알게 되었다. 다름 아닌 음악 소리가 들려오고 있었던 것이다. 거리에서 누군가 틀어놓은 음악 소리! 그는 그 소리를 듣자마자 그 리듬에 맞춰 춤을 추며 걸었던 것이다.

그리고 잠시 후 그는 음악이 들리는 곳에서 멀어져 갔다. 그의 동작은 음악 소리가 점점 사라짐과 동시에 다시 늘어지기 시작했다. 재미가 없어진 것이다. 이윽고 그는 다시 원래의 상태로 돌아갔다. 고개를 숙이고, 팔을 늘어뜨리고, 터벅터벅 걸으며 얼굴색은 쓸쓸해 보였다.

택산함

그는 어떤 사람일까? 좋은 사람이다! 그에게는 좋아하는 그 무엇이 있었던 것이다. 오늘 그에게는 크게 실망스러운 일이 있었겠지만, 평소 좋아하는 음악이 들려오자 그 리듬에 맞춰 흥을 일으켜 세웠던 것이다. 그는 틀림없이 문제가 해결될 것이고, 다시 명랑해질 것이다.

사람은 무엇인가 확실히 좋아하는 것이 있어야 한다. 무엇인가를 좋아하면 인생도 좋아지는 법이다. 좋은 일에 감응하는 것은 괘상으로 **택산함(澤山咸)**에 해당한다. 이는 나쁜 운명이 녹아버린다는 의미가 있다. 만사를 귀찮다고 하지 말자. 귀찮은 것은 귀찮은 것, 좋은 것은 좋은 것이다. 뜻대로 되지 않는다고 우울해지면 남은 희망마저 사라지는 법이다.

세상을 움직이는 매력의 힘

매력 있는 자에게 행운이 찾아온다

●   매력이란 일단 여성에게 절대적이라고 할 수 있을 것이다. 여자가 매력이 없으면 일단 남자가 다가오지 않으니 이는 참으로 큰일이다. 여자가 저 혼자 인생을 살기로 작정했다면 모를까 매력이 없으면 손해가 이만저만이 아니다.

남자가 따르지 않는 것은 물론 어디 가서 괄시를 받을 수도 있다. 매력 있는 여성에게는 누구든 친절하기 마련이지만, 매력이 전혀 없으면 관심도 못 받고 거친 대우를 받을 수도 있다. 그래서 여자가 매력이 없으면 위험하기조차 한 것이다.

이렇듯 여자에게 매력은 한껏 뽐낼 권리이기도 하고, 어느 정도까지는 의무로 받아들여지는 것이 현실이다. 매력을 전혀 관리하지 않는 여자는 운명마저 나빠질 수 있다. 매력 있는 여자가 훌륭한 남자를 만나 순식간에 신분이 상승하는 것은 우리 주변에서 흔히 볼 수 있는 광경이다. 그러니 두 말 할 필요가 없다.

보다 일반적인 이야기를 해보자. 남자에게는 매력이 어떤 의미일까? 앞서 살펴보았듯 매력은 여자에게 특별한 의미가 있지만, 남자에게도 그에 못지 않은 의미가 있다. 매력에 남녀 차이가 있다면 그것은 매력을 갖추는 방법이 다르기 때문이다.

여자는 대개 외모 중심의 매력이 필요하다. 마음씨 나쁜 여자라 하더라도 매력이 있으면 일단 사람이 따르는 법이다. 남자는 어떨까? 남자의 매력은 전적으로 외모에 좌우되지는 않는다. 외모가 잘생기지 않아도 매력은 얼마든지 갖출 수 있다.

남녀 구분할 것 없이 인간에게 매력이란 도대체 무엇일까? 그것은 아주 종합적인 것으로, 왠지 끌리게 하는 그 무엇이다. 물론 매력에는 분명한 이유가 있다. 단지 얼핏 봐서는 잘 모르겠지만 왠지 끌리는 사람은 특별히 갖춘 것이 있다. 아무것도 갖추지 않았는데 매력 있는 경우는 결코 있을 수 없는 법이다.

흔히 이런 말이 있다. '그 사람 멋져!', '그놈 재미있어', '존경스러워', '대단한 놈이야', '그 사람 멋쟁이야!' 등. 이런 말들은 매력 있다는 표현이다. 매력의 이유는 한없이 많다. 그것을 일일이 다 열거할 수는 없지만, 대충 매력의 원리는 생각해볼 수 있을 것이다.

지금부터 그것을 찾아보자. 우선 매력 없는 사람을 보자. 말이 많다, 노래 방에 가서 마이크를 혼자 독차지한다, 자리에 앉을 때면 여자나 어른을 무시하고 재빨리 편한 자리를 차지한다, 항상 자기는 잘났다고 으스댄다, 먹을 때 유난히 쩝쩝댄다, 항상 약속을 어긴다, 얌체짓을 한다···. 열거하자면 100개도 1000개도 찾아낼 수 있다. 방금 예로 든 사람은 매력이 없는 사람이다. 촌놈도 매력이 없다. 잠깐! 시골 사람을 말하는 것이 아니다. 문화가 없는 사람을 말하는 것이다.

어떤 사람이 있는데 노래를 너무 잘한다. 이 사람은? 매력이 있다! 매력은 남에게 불편을 주지 않는 그 무엇이다. 여기 한 신사가 있다. 이 사람은 항상 멋진 옷을 잘 골라서 잘 입는다. 매력이 있는가? 이 또한 매력이다. 항상 겸손한 사람이라면 이것도 매력이다. 목소리가 좋고 교양 있는 단어를 사용한다면 이 또한 매력이 아닐 수 없다. 나폴레옹은 지배자였지만 남달리 매력이 있었다. 스탈린이나 히틀러하고는 다른 면이 있었던 것이다.

화풍정

매력은 주역의 괘상을 빌려서 보다 쉽게 설명할 수 있는데, 바로 화풍정(火風鼎)이다. 이 괘상은 아름다운 한 송이 꽃 같은 사물을 상징한다. 이른바 꽃 같은 사람! 내용이 무엇이든 간에 아름다움을 갖추면 그것이 매력이 되는 것이다.

예의가 바르고 동작이 민첩하면 윗사람에게 칭찬받게 되어 있다. 항상 그런 사람이라면 매력 있는 놈, 멋진 놈이라는 애칭을 들을 수 있다. 매력은 돋보이는 것이다. 자기 자랑을 늘어놓는 사람은 매력이 없지만, 자랑거리가 있으면서도 그것을 애써 드러내지 않으면 매력이 된다.

미국에 있을 때 나는 매력 있는 어떤 사람을 보았다. 그는 은근한 미소와 언제나 진지한 모습이 매력적이었는데, 알고 보니 아주 유명한 사람이었다. 백남준! 위대한 예술가로서 평소에도 천재다운 면모가 번뜩였다. 그를 거의 매일 1년 이상 봤으면서도 누구인 줄은 몰랐다. 단지 괜찮은 사람이구나, 점잖구나, 지성인이구나 정도로 판단했는데 세계적인 예술가였다니!

그의 매력은 깊이가 있었다. 그는 세계적인 인물임에도 그것을 나타내 보인 적이 없었다. 그러니 내가 1년을 알고 지냈어도 그가 누군지 몰랐던 것이다. 자신을 뽐내지 않는 겸허한 실력자, 매력이 아니고 무엇이겠는가!

또다른 평범한 사람을 이야기해보자. 내가 아는 어떤 사람은 착하고 총명했다. 그런데 그 사람과 만나면 왠지 심심했다. 영 재미가 없었던 것이다. 왜일까? 그는 매력이 없는 사람이었기 때문이었다. 누가 봐도 그는 매력이 없었다. 그로써 인생 자체도 그리 매력 있는 성과가 없을 것이다.

매력은 꽃처럼 별처럼 빛나서 그와 함께 있으면 이유 없이 기분이 괜찮아지는 것이다. 매력의 힘은 세상 그 무엇보다도 위력이 있다. 제2차 세계대전 당시 영국의 지도자였던 처칠은 특별한 매력이 있었다. 그는 그 매력의 힘으로 미국의 도움을 쉽게 이끌어냈다. 지도자의 매력이란 강하고 믿음직하고 올바른 판단력에서 비롯되는 바, 처칠이 그런 사람이었다.

히틀러도 자국민에게는 카리스마가 있었다. 카리스마가 바로 매력이

158

다. 매력은 진정 세상을 압도하는 힘인 것이다. 무엇이 매력이라고 정확하게 꼬집어 말할 수는 없다. 그러나 매력이 무엇인지는 누구나가 알 수 있다. 내 자신에게 매력이 있는가? 이것은 인생에서 아주 중대한 질문 중 하나다.

"나는 착한 사람이다", "근면한 사람이다", "총명한 사람이다"라고 아무리 외쳐봐야 소용이 없다. 매력이 없으면 인간 세상에 빛을 발하지 못하는 법이다. 매력이 없는 사람은 지금 당장부터 매력을 찾아 그것을 갖추도록 애써야 한다. 인생을 살며 매력을 갖추면 이미 절반은 성공한 것이다.

물론 매력은 꼴값하고는 아주 다르다. 어설픈 짓을 일삼으며 매력 있다고 착각하면 안 된다. 주변에서 열광적으로 칭찬하면 그게 바로 매력이다. 매력은 내가 주장함으로써 인정받는 것이 아니다. 매력은 정말 매력이고, 아닌 것은 아무리 주장해봐야 꼴값일 수밖에 없다.

내가 아는 또다른 어떤 사람은 한없이 겸손하고 포근하다. 그리고 항상 자기가 먼저 돈을 쓴다. 게다가 아는 것이 많고 날카로운 통찰력이 있다. 그는 굳건한 사람인데도 온화한 모습으로 가득 차 있다. 여자들은 말한다. 그는 매력이 넘쳐흐른다고…. 당연히 나도 그는 매력이 있다고 생각한다.

매력이란 사람이 그와 함께 있고 싶게 만드는 것이니, 이보다 더한 힘이 무엇이겠는가! 한없이 생각해서 기필코 매력 있는 사람으로 변모해야 할 것이다. 인생의 행운은 매력 있는 자에게 우선 찾아든다는 것을 절대 잊어서는 안 된다.

목소리가
운명을 바꾼다

●
　　　　　　　　　　　　운명은 우리의 버릇 또는 행동에 따
라 변할 수 있는데, 그중에서도 목소리는 상당히 중요하다. 이는 목소리에
그 사람의 정신, 즉 영혼의 기운이 담겨 있기 때문이다. 전문가가 아니더
라도 사람의 목소리를 들어보면 어느 정도 그 사람에 대해 감지할 수 있는
것이 있다. 목소리에 힘이 없는 사람은 실제 그 사람의 생활에 활기가 없는
경우가 아주 흔하다. 또 어떤 사람은 목소리가 예사롭지 않은 바, 실제로
대단한 사람인 경우를 종종 볼 수 있다. 사실 목소리는 그 사람을 판단하는
가장 강력한 징표가 된다.

　　매력이란 것도 목소리가 차지하는 비중이 크다. 특히 남자의 매력은
상당 부분 목소리에서 나오는데, 이는 여자의 미모와 비견될 정도이다. 실

로 목소리의 위력은 대단하다. 거짓말탐지기를 사용하여 사람의 목소리를 분석하고 거짓인지 아닌지도 알아낼 수 있으니 말이다.

물론 사람은 거짓말탐지기보다 목소리로 훨씬 많은 것을 알아낼 수 있다. 실력이 뛰어난 의사들은 목소리를 듣고 병의 유무를 알아내기도 하고, 베테랑 형사들은 목소리를 듣고 그 사람의 성격을 알아내기도 하며, 음성 전문가들은 목소리를 듣고 그가 사기꾼인지를 쉽게 알아낸다. 이는 목소리에 그만큼 많은 정보가 담겨 있기 때문이다.

관상을 볼 때에도 목소리를 듣고 그의 미래를 알아낼 수 있다. 한마디로 목소리에는 그 사람의 모든 성품이 들어 있고, 운명의 흐름도 담겨 있다. 그래서 우리는 목소리에 대해 깊은 관심을 가져야 한다.

목소리는 여러 가지 원인에 의해 변화무쌍하게 나타난다. 그런데 우리는 목소리를 고침으로써 특정 상황을 유도할 수도 있다. 예를 들어 병든 사람은 목소리에 힘이 실려 있지 않은데, 반대로 목소리에 힘을 실어주면 병이 낫는다는 식이다. 그뿐만이 아니다. 목소리로 매력을 향상시키고 급기야는 운명도 바꿔 나갈 수 있다.

그렇다면 목소리를 어떻게 바꿔야 운명이 개선될까? 깊게 따지면 한이 없다. 목소리는 너무 많은 요소가 포함되어 있어 그 자체로 책 한 권을 쓸 수 있을 정도이지만, 여기서는 간단하게 몇 가지만 간추려 소개한다.

나는 관상전문가로서 목소리에 특히 관심이 많은데, 실제로 목소리에서 알아낼 수 있는 것이 매우 많다. 어떤 사람은 목소리가 밖으로 잘 나오지 않고 입 안에서 맴도는데, 이는 아주 흉하다. 목소리는 남에게 뜻을 전달하는 수단인데, 그것이 입 밖으로 당당히 나오지 못하는 사람은 운명 자체도 위축될 수밖에 없다.

또 어떤 사람은 목소리가 코 근처를 떠나지 못한다. 이른바 코맹맹이라고 하는 바, 이 또한 시원한 운명을 맞이하지 못한다. 물론 목소리에 다른 요소가 들어 있다면 코맹맹이처럼 꽉 막힌 운을 만회할 수는 있다.

일반적으로 목소리는 멀리 퍼져 나갈수록 좋다. 이른바 기어들어가는 목소리는 재수가 없다. 목소리를 크게 내라는 것이 아니다. 당당하게 내보내라는 것이다. 목소리는 폐에서부터 나오는데, 깊은 목소리는 신장에서부터 출발한다. 내공이 실려 있는 것이다. 더 깊은 소리는 그 사람의 영혼으로부터 발출된다. 위대한 사람의 목소리는 깊이가 있다. 그래서 크게 애써 소리지르지 않아도 그 사람의 목소리는 쉽게 들을 수 있고 멀리 퍼진다.

요점을 말하면 목소리는 잘 들려야 한다. 탁한 목소리는 듣기가 힘들다. 시끄러운 목소리도 마찬가지다. 이는 속으로 질서가 없기 때문이다. 목소리는 잘 가다듬어야 하는데, 그것에 반드시 정신을 실어야 한다. 이보다 쉬운 방법으로는 목소리 연습을 일부러 하면서 아름다운 목소리가 되도록 가다듬어야 한다. 목청을 개발하는 것이다. 평소 열심히, 아주 열심히 하면 누구나 목소리를 발전시킬 수 있다. 선천적으로 목소리가 좋은 사람이 있는데, 이는 천복(天福)을 받은 것이다. 목소리가 훌륭한데 박복한 사람은 아주 드물다.

162

매력을 강화하기 위해서도 목소리를 가다듬어야 하지만, 운명 개척이란 점에서 목소리가 더 중요하다. 그저 목소리를 좋게, 더 좋게 만들어가면 된다. 성악전문가를 찾아가도 좋고, 혼자서 이리저리 목소리를 내보면서 지금보다 나은 목소리를 찾아가면 된다.

공자의 목소리는 어땠을까? 소크라테스의 목소리는 어땠을까? 분명 그들 같은 위인이라면 목소리 자체에 한없이 깊은 그 무엇이 있었을 것이다. 목소리는 그 자체로 세상에서 가장 위대한 악기다. 그것을 발전시켜 더욱 훌륭한 소리가 나오도록 애써야 한다.

손위풍

사람을 알아보는 데 목소리만한 것이 없다. 사람이 훌륭하게 변하면 목소리도 달라지는 법이다. 운명이 나빠지려면 왠지 그 사람 목소리가 듣기 싫어진다. 반면 왠지 그 사람의 목소리가 달라져 듣기가 좋아진다면 그는 행운이 시작된 것이다. 주역에 손위풍(巽爲風)이란 괘상이 있는데, 이는 천지의 기운이 공급되어가는 모습인 바, 만물이 살아 있다는 뜻이다.

누구든 애써 목소리를 고쳐 더욱 듣기 좋게 만들었다면, 이는 그 자체로서 운명을 개척한 것이다. 생각과 행동이 훌륭하면 목소리도 그렇게 되는 법이다. 여기서 경계할 것은 자기도취다. 목소리는 남이 듣기 좋아야 한다. 기필코 단련하여 자신의 좋은 목소리를 온 세상에 들려주자. 그리하면 하늘이 상을 내릴 것이다.

은인의 추억

고마움을 표현하는 법

마음이 우러난 선물

보답이란 나 자신을 위한 것

●   지금 소개하는 이야기는 실화다. 그
런데 아주 미안하게도 내 자신에 관한 것이다. 자랑하려고 여기에 쓰는 것
은 절대 아니고, 이 방법이 아니면 좋은 교훈 하나를 전할 수 없기 때문이
다. 앞서 존경하는 선생님에게조차 옹색하게 구는 사람이 왜 불운할 수 밖
에 없는지 이야기했었는데 그와 이어지는 내용으로 봐도 좋다.

나는 오래 전 신문에 연재소설을 쓴 적이 있다. 5년 가까이 연재하는 동안
대단한 호평을 받았었다. 내 글을 기꺼이 신문에 실어준 사람은 신문사 대
표이사이자 사장이었는데, 당시 나는 공식적으로 글이라곤 써본 적이 없었
다. 소설은 더더구나 문외한이었다. 나름대로 혼자 끼적여봤는데 그분이

잠깐 읽어보고는 무조건 좋으니 신문에 연재해주겠다고 했다.

　당시 상당히 많은 원고료를 받았는데, 나로서는 깜짝 놀랄 일이었다. 신문 연재는 베테랑 소설가나 공모 등을 거친 실력자들이 할 수 있었는데, 생초보인 내가 그 혜택을 받았던 것이다. 생면부지인 내게 소중한 기회를 준 그분이 고맙기 그지없었다. 그러나 나는 그분이 사장으로 재직하는 동안 한번도 고맙다는 말도 한 적이 없었고, 선물도 드리지 못했다.

　거기에는 그만한 이유가 있었다. 당시 그분은 높은 위치에 있었기 때문에 내가 물질로 고마움을 표시하면 분명 뇌물로 보일 터였다. 앞으로도 계속 글을 쓸 수 있게 해달라는…. 나는 그런 우스운 짓을 하지 않았고, 그 외에도 평생 뇌물이란 것은 누구에게 줘본 적이 없다. 무슨 일이든 내 실력으로 하겠다는 생각이지 뇌물은 상상해본 적이 없다. 어쨌건 나의 은인이었던 신문사 사장에게 인사나 선물은 하지 않았다.

그 후 세월이 많이 흘러 그분은 신문사를 떠났다. 나도 이미 연재를 그만둔 지 오래였는데, 우연히 그분 소식을 들었다. 그런데 나는 그동안 사업이니 뭐니 서툰 짓을 하다가 재정파탄 상태였다. 그뿐 아니라 사기도 당해서 매우 곤궁했다. 그런 형편이었지만 은인의 소식을 들었기 때문에 찾아뵙고 고맙다는 인사라도 하고 싶었다.

　나는 빚을 냈다. 금 닷돈 값이었는데, 그 정도면 2개월치 용돈에 해당하는 돈이었다. 하지만 나는 기쁜 마음으로 금 장식품을 그분에게 선물했다. 그 날 이후 몇 년간 그분을 만난 적은 없다. 나는 그저 선물을 드리고 싶어서 찾아갔을 뿐이다. 그렇게 생초보를 신문 연재소설가로 만들어준 고

마음을 표시했다.

　그뿐이다. 오로지 고맙고 존경스러워 나 홀로 그 보답을 하고 싶었을 뿐이었다. 고마움이란 이렇게 표현하는 것이다. 존경심도 마찬가지다. 잘 보이려고 하는 것이 아니다. 앞으로 신세를 지겠다는 뜻도 아니다. 존경심의 표현은 나 자신을 위한 자그마한 실행인 것이다.

돈은 쓰면
생긴다던데…

돈이란 흐르는 것

쓰지 못해서 돈이 안 생긴다

●   어느 여름날, 나는 거리에서 이상한 광경을 보았다. 두 사람이 서로 너무나 반가워서 어쩔 줄 모르고 있었다. 한참 동안 악수를 하고도 모자라 급기야는 서로를 끌어안고 큰 소리로 떠들기까지 했다.

"야, 우리 만난 지 얼마나 됐지?"

"한 10년 넘었을 거야. 그래, 그 정도 되었지. 너무 반갑다!"

그리고 또 이어지는 악수···. 나는 이 광경을 한참 보다 내 갈 길을 갔다. 가까운 식당에 들어가 앉았는데, 잠시 후 그들이 들어오는 것이 아닌가! 그들은 말을 계속하고 있었다.

"우리가 이렇게 만났는데 술 한잔 해야지!"

"그럼!"

나는 이 광경을 보고 공연히 흐뭇해졌다. '저토록 친한 친구가 있다는 건 인생에서 아주 좋은 일이야.' 이런 생각을 하면서 말이다.

그들은 맥주 한 병을 시켰다. 나는 식사를 주문해놓고 그들의 만남을 자세히 지켜보았다. 동창생은 아닌 것 같고 오랫만에 만나는 친지였다. 서로 반말을 하는 것으로 봐서 나이가 비슷하고 또한 허물없는 사이였다. 쉬지 않고 이야기하는 모습에서 다소 수다스러운 느낌도 들었다.

한 친구가 말했다. "야, 맥주 시원한데! 아주 시원해!"

또다른 친구도 말했다. "이 집 좋구만. 맥주 너무 시원하지? 그렇지?"

"그래, 맥주 맛이 정말 좋다. 아줌마, 여기 김치 좀 주세요!"

잠시 후 그들은 맥주 한 병을 다 마셨다. 그런데 잔이 비었는데 술을 더 시킬 생각은 안 하고 계속 맥주가 좋다, 시원하다며 술 칭찬만 늘어놓고 있었다. 간간히 '우리 언제 만났었지?'라며 오랫만에 만나 반갑다고 이야기하다가, 또다시 맥주 맛이 좋다는 찬사를 계속했다.

이상한 것은 그들 중 누구도 먼저 맥주를 시키지 않는 것이다. 그만 일어나자는 말도 없고 맥주가 좋다, 시원하다를 연발하는 것으로 봐서 분명히 술을 더 먹고 싶은 것이 틀림없었다. 그러나 누구든 술을 시키는 사람이 돈을 내야 하는 것이 두려워선지 입맛만 다시며 상대방이 먼저 더 시키자고 말하기를 기다리는 것이었다.

이때쯤 나는 상황을 모두 파악하고 이들의 관상을 훑어보았다. 한 사람은 궁상맞고, 한 사람은 썩어가는 모습이었다. 나는 식사를 다 마쳤지만 이들이 어떻게 하는지 보려고 더 앉아 있었다. 결국 이들에게 식당 주인이 한마디 했다. "시끄러워 죽겠어요! 술 다 마셨으면 가세요!"

이들은 일어났다. 그리고는 계산대 앞에서 또다시 맥주가 시원하다는 타령만 하고 누구도 먼저 돈을 내려고 하지 않았다. 식당 주인이 이들을 흘겨보는 가운데 시간은 5분 정도가 더 흘러갔다. 나는 누가 더 고수(?)인지를 확인하기 위해 기다렸다.

이들은 각자 주머니를 뒤지는 척을 한참 하다가 마지못해 돈을 내려고 맥주 값을 물었다. "아주머니, 여기 얼마예요?"

식당 주인은 소리를 질렀다. "얼마긴 얼마예요. 3천원이니 누구든 빨리 내고 나가세요!"

결국 둘 중에 내공이 약한 사람이 돈을 냈다.

나는 가게를 나선 이들을 뒤따라갔다. 그런데 밖에 나가자마자 악수를 하는 둥 마는 둥 하고는 금방 헤어지는 게 아닌가. 이들은 사실 별로 친한 사이도 아니었다. 맥주 한 병도 살 마음이 안 드는 관계였던 것이다. 아니, 이들은 아마 다른 누구에게든 맥주 한 병 사주고 싶어할 리 없는 사람들이었다.

나는 이런 사람을 많이 봐왔다. 이들은 사람은 사귀되 돈은 절대 안 쓴다는 원칙을 세워놓고 산다. 지지리도 궁상이다. 이런 사람이 부자가 된다면 나는 손가락 열 마디에 다 장을 지지겠다! 돈이란 어느 정도는 쓰면서 살아야 인간이다. 이들은 귀신 같은 존재들이다.

나는 언젠가 구체적으로 실험해본 적이 있다. 과연 돈이란 쓰면 생기는가를 보려고. 10만원을 써봤다. 별로 좋아하지도 않는 사람을 불러 술을 사준 것이다. 그리고는 다음 날부터 일주일 동안 달력에 날짜를 세어 가면서 기다렸다. 그런데 정말 감쪽같이 공돈이 생기는 것이 아닌가! 무려 30만원이나!

호기심 때문에 한 실험이었지만, 이를 통해 확실히 알게 된 사실이 있다. 아까워하지 않고 돈을 그냥 쓸 때가 그렇지 않을 때보다 돈이 더 잘 들어온다는 것이다. 나는 이 비결을 알아차린 후 돈 쓰는 것을 절대 두려워하지 않게 되었다. 돈이란 정말로 쓰면 생기는 것이니까.

원리는 간단하다. 돈이란 흐르는 것인데, 꽉 막혀 있으면 들어올 돈도 다른 데로 흘러가는 법이다. 물을 퍼올리는 펌프에 부어주는 마중물이라는 것이 있다. 물을 땅에서 퍼올리기 전에 먼저 땅 속에 물을 주는 것이다. 그로써 물이 콸콸 나온다.

사람은 세상을 향해 돈을 쓸 수 있어야 그에게 돈이 모이는 법이다. 쓸 돈이 없어서 쓰지 못한다고? 이는 바보 같은 생각이다. 실은 쓰지 못해서 돈이 안 생길 뿐이다. 돈쓰기를 겁내는 것은 부자 되기를 겁내는 것과 전혀 다를 바 없다.

태산을 쌓는 법

● 　　　　　　　　　입시생은 시험에 대비하여 주어진 시간 동안 부지런히 실력을 쌓아야 한다. 때를 놓치면 안 된다. 농사라는 것도 봄에 씨를 뿌려야 한다. 실력이란 것도 젊어서 갖추어야 쓸모가 많다. 그러나 모든 것이 다 급한 것은 아니다. 천천히 해도 되는 것이 있다. 그리고 필사적으로 애쓰지 않아도 갖추어지는 것이 있다. 이 장에서는 서서히 끊임없이 쌓아가는 실력, 다시 말해 살면서 틈틈이 쌓아가는 실력에 대해 생각해보자.

우리는 일정한 시기에 학교를 다니면서 배우는 것 말고도 인생을 살면서 배우게 되는 것들이 참 많다. 오히려 대수롭지 않게 슬슬 해본 것이 나중에 큰 실력이 되는 경우가 훨씬 더 많다. 여러분들의 현재 생업이란 것도 살면서 그 실력이 갖추어진 것이지, 학교에서 목표를 가지고 집중적으로 한 것은 드물 것이다.

어떤 사람의 예를 들어본다. 이 사람은 대학에서 원예를 전공했는데, 영어신문사의 편집국장까지 오르게 되었다. 그는 기사 쓰는 법과 영어 실력을 살아가면서 습득한 것이다. 또다른 누구는 역사학을 공부했는데 지금은 광고전문업에 종사하고 있다. 실력이란 계속 갖추어 나가는 것임을 이들을 통해 느낄 수 있을 것이다.

평소에 실력을 갖추어간다. 이는 남는 시간을 활용하는 것으로, 일정한 기간에 애쓴 것보다 성취가 훨씬 더 많은 법이다. 인생은 참으로 긴데, 생업에 필요한 것을 갖추었다고 해서 이만하면 다 되었다고 할 수는 없다. 언제 어느 때 인생이 어떻게 될지 모른다. 그래서 평소에 이것저것 갖출 수 있는 한 갖춰두어야 한다. 『논어(論語)』에서 공자의 제자 자하(子夏)가 "일하고 남은 시간에 공부한다[仕而優則學]"고 했던 바, 인생을 계속 발전시키라는 중요한 가르침이다.

여가시간에 실력을 쌓아온 한 사람을 보자. D의 경우이다. 그는 어느 날 기타 연주를 배우고자 결심했다. 그래서 날을 잡아 시작했는데, 첫날은 3분 만에 공부를 끝냈다. 3시간이 아니고 3분이다. D의 지론에 의하면 5분은 많다는 것이다. 그는 매일 3분씩 연주법을 배워 나갔다. 한달 내내 그렇게 한 것은 아니다. 시간 나면 하루에 3분 정도를 할애했다. 이마저도 시간이 없어서 못하는 날이 있었지만, 시간이 있으면 3분 정도를 꾸준히 했다.

그렇다! 3분 정도 해본 것이다. 이 정도니 열심이랄 것도 없었다. 다른 일에 지장을 주는 경우도 결코 없었다. 1년 정도를 3분씩 공부하자 제법 기타 소리를 낼 수 있었다. 그리고 또 1년이 지났다. 이제는 그럴듯해졌다. 다시 또 1년이 지났다. 3년이 지난 것이다.

이제 D는 기타를 훌륭히 연주할 수 있다. 누구 앞에서도 주저하지 않고 기타를 잘 치게 된 것이다. 물론 음대에서 전문적으로 배운 사람에 비하면 뒤떨어지는 실력이다. 하지만 취미생활로는 충분했고, 그로써 얻는 이익도 많아졌다. 그는 스스로 즐길 수 있게 되었고, 남에게 들려주어 기쁨을 선사할 수도 있게 된 것이다.

택지췌

공부는 이렇게 하는 것이다. 작정하고 달려들지 않아도 되는 것이다. 무엇이든 평소에 조금씩 해두면 태산 같은 실력을 쌓을 수 있다. 나는 D에게 말했다. 하루에 3분이면 너무 많은 것 아니냐고…. 나의 경우에는 하루 1분 정도 공부하며 지냈더니 대가의 경지에 이른 바가 있었던 것이다.

주역의 괘상으로 조금씩 쌓아 나중에 큰 것에 이르는 것을 택지췌(澤地萃)라고 하는데, 뜻이 있는 곳에 길이 있다는 의미다. 뜻을 품고 천천히 나아가면 된다. 공부를 못하는 사람은 유난을 떠는 법이다. 천천히 해도 될 수 있는 것이 아주 많으니 꾸준히만 하면 된다. 자그마한 실천이 꾸준하기만 하면 그것으로 태산 같은 힘을 갖출 수 있다.

반성은미래의
잘못을 막아준다

반성은 꿈을 정한다 반성이 곧 치료다 반성은 새로 태어나는 것이다

●   잘못을 하고도 그것을 뉘우치지 않는 다면 그 잘못은 고스란히 남아 있게 된다. 그뿐 아니라 그와 비슷한 잘못을 또 저지르게 된다.

잘못을 하고도 후회하지 않는다고 선언하는 사람들을 흔히 볼 수 있다. 자기 행동이 잘못인 줄 알고도 굳건함을 내세우는 것인데, 이는 굳건함이 아니다. 뻔뻔한 것이다. 계속 당당한 모습을 보이면 마치 죄가 사라지는 듯 착각하고 있을 뿐이다.

법정에서는 자신의 죄를 인정하고 뉘우치는 사람에 대해서는 형량을 줄여주는 등 뉘우침에 대한 포상을 한다. 뉘우침이 죄를 없애는 기능을 한다고

174

인정하는 것이다. 또 어떤 종교에서는 잘못을 뉘우치는 것으로 그 죄가 없어진다고도 주장한다. 반성이 이미 지은 죄를 없애는 기능을 하는지는 철학 내지 종교적 문제로 봐야 한다. 그러나 둘 중 어떤 관점에서 보더라도 반성이 미래에 그 잘못을 반복하지 않게 막아주는 것은 분명하다.

그런데 반성이나 후회를 비굴함으로 여기는 사람이 있다. 이는 참 큰일이다. 죄를 지었으면 부끄러워해야 마땅하다. 우리가 흔히 말하는 양심이란 개념은 후회할 줄 아느냐 모르느냐에서 비롯된 것이다. 양심도 없는 놈이라는 표현이 바로 죄를 짓고도 후회하지 않는 사람을 일컫는다.

어떤 사람은 죄를 지은 그 자체보다 반성하지 않는 것을 더 큰 죄로 보기도 한다. 이는 매우 타당하다. 반성하지 않음이란 죄를 한번 지은 것으로도 모자라 또 저지르겠다는 것이니 괘씸하기 짝이 없다. 반성 없이 살겠다는 것은 고장난 마음씨를 그대로 미래로 가져가겠다는 뜻과 다르지 않다.

반성이란 집을 수리하는 것과 같은 뜻이 있다. 우리가 사는 집이 잘못되어 있으면 몹시 불편할 것이다. 전기나 수도가 고장나면 생활이 얼마나 힘들어지는가! 그런데 우리 마음이 잘못되어 있어도 그로 인한 불편함을 모른다면 참으로 이상한 일이 아닐 수 없다. 영혼이 잘못되어 있으면 집이 잘못된 것보다 더 큰 일이 벌어진 게 아닌가!

사람이 짓는 죄는 그 행위로 인해 결과적으로 남에게 해를 끼치기 때문에 경계하는 것이 아니다. 그 고장난 영혼이 더 큰 잘못을 저지를까봐 무서워하는 것이다. 반성은 더러운 집을 소독하는 것과도 같다. 영혼을 착하게 해놓지 않으면 점점 복이 달아날 것이므로 그냥 방치해서는 안 된다.

반성은 곧 발전이기도 하다. 사람이 자신의 잘못을 매일 반성한다면 영혼이 날로 깨끗해질 것이니 이것이 곧 발전이 아니고 무엇이랴! 반성은 새로운 각오를 낳는 것이고, 각오는 행동을 유도한다. 그리고 행동은 운명을 탄생시킨다.

　　매일 반성을 하지 않고 사는 사람은 목욕을 하지 않는 것과도 같다. 점점 더러워질 것인즉, 몸에 병이 생기듯 운명도 병들게 되는 법이다.

반성은 새로 태어나는 것과도 같다. 잘못된 헌 영혼을 고치는 것이니 어찌 새로 태어났다고 하지 않으리! 대오각성(大悟覺醒)이니 환골탈태(換骨奪胎)니 하는 말은 반성의 다른 표현이다. 그래서 반성을 새로운 출발이라고도 말하는 것이다.

　　반성은 모든 병을 예방하기 위한 위생관리와도 같은 것이다. 반성은 곧 치료이기도 하다. 우리에게는 이렇게 좋은 수단이 있다. 잠시도 반성을 놓쳐서는 안 될 것이다. 이보다 당당한 일은 진정 찾아보기 어렵다. 옛말에 이런 말이 있다. "군자는 3일을 안 보면 눈 비비고 다시 봐야 한다[士別三日則更刮目相對]." 군자는 매일 반성하기 때문에 그토록 빛나 보이는 것이다.

내가 아니라
우리다

●   '내 인생은 나의 것'이라는 노래가 있다. 나의 삶은 내가 선택할 수 있다는 뜻이 담긴 노래다. 하지만 잘 생각해보자. 자식을 길렀는데 그가 제멋대로 산다면 부모 마음이 어떨까? 부모님은 내 인생에 참견할 권리가 없다면서 "나는 내 마음대로 살 거야"라고 자기 주장만 해도 좋은가? 어느 정도 부모를 배려해주어야 하지 않을까!

이런 질문을 오로지 부모 자식 사이에서만 할 수 있는 것은 아니다. 사람과 사람 사이에서도 할 수 있다. 왜냐하면 이 세상 모든 사람은 스스로의 힘으로 만들어진 것이 아니기 때문이다. 많은 사람에 의해 그렇게 된 것이다. 인생은 도우면서 함께 어우러져 사는 것이다. 사람이 모이면 그 자리에서는 반드시 남의 입장을 생각해줘야 하는 법이다. 남이 기분 나쁜지 살펴야 하고, 저만 좋다고 남을 기운 빠지게 하면 안 된다.

모름지기 인간은 함께한다는 생각을 가져야 한다. 이른바 공존의 논리다. 함께하는 마음, 이것은 의무에 해당한다. '나'라는 개체 대신 '우리'라는 단체를 생각해야 세상이 잘 굴러가는 법이다. 다시 말해 나의 일부를 우리라는 것에 할애해야 한다. 성인의 스승인 강태공은 이렇게 말했다. "천하는 한 사람의 천하가 아니다. 천하의 천하다[天下者 非一人之天下 乃天下之天下也]."

　　내 인생은 실은 우리의 인생인 것이다. 인체를 보자. 다리는 다리이고 눈은 눈이라고 해야 되겠는가! 그 모든 것은 인체라는 전체의 일부일 뿐이다. 마찬가지로 사람은 사회의 일부이고 국가는 세계의 일부다. 하늘 아래 그 누구도 제멋대로 살 수는 없다. 내 인생의 일부를 남의 인생처럼 산다면 이 사람은 반드시 축복받을 것이다. 그는 이미 모든 사람 중의 일부가 되었기 때문이다.

천택리

주역의 괘상에 **천택리(天澤履)**가 있다. 이 괘상은 나와 세상의 경계를 허물어 하늘과 하나가 된다는 뜻이다. 세상이 하늘과 통해 있듯이 나는 남과 이어져 있는 것이다. 남과 단절된 나는 결코 있을 수 없는 법이다. 남 앞에서는 맥 빠지는 자세도 해서는 안 된다. 저 혼자 즐겁자고 계속 말을 늘어놓아서도 안 된다.

　　어떤 사람이 "나는 나일 뿐이다"라면서 가족도 모르고 친구도 모르고 단체도 모르고 사회도 모르고 국가도 모른다면, 이는 반드시 해로운 존재일 것이다. 사람은 함께함으로써 세상을 이롭게 할 수 있다. 내 인생이 오로지 나의 것이려면 그는 혼자 스스로 생겨났어야 하고, 세상으로부터 그 어떤 혜택도 없이 모든 것을 스스로 창조할 수 있어야 한다.

이런 말을 하는 사람이 있다. "나는 평생 남에게 신세진 일이 없다." 가소로운 말이다. 실상 그는 모든 것을 남으로부터 혜택 받으며 살아왔기 때문이다. 만약 우리나라가 아프리카처럼 가난하다면 국민들 각자가 그만한 월급을 받을 수 있었겠는가! 또한 사업인들 제대로 되었겠는가! 좋은 세상이 있어서 나도 좋아지고 그도 좋아진 것이다. 그러한즉, 사람은 세상에 대해 고마운 마음을 가져야 하며, 사람과 협력해야 한다.

　나 잘나서 잘되는 일은 세상에 그 무엇도 없다. 노래 잘해서 가수가 되었다고? 천만에! 들어주는 사람이 있어야 하고, 무대가 있어야 하고, 작곡가가 있어야 하고, 조명이 있어야 하고, 의상이 있어야 하고 … 등등 끝없이 많다.

내가 잘되어서 남까지 잘되게 해야겠다고 마음먹으면 매사가 잘 되는 법이다. 남이야 어떻든 나 좋은 대로 살겠다는 사람은 하늘도 거들떠보지 않는다. 오늘날 생물학에서는 협력이 신화를 낳는다는 새로운 섭리를 발견했다. 옛날에는 적응을 잘하는 자가 살아남는다[適者生存]고 했으나 새로 발견된 자연진화의 원리는 바로 협력이었다.

　직장인의 경우 남과 협력을 잘하고 인사를 잘하고 밝은 모습을 보이고 의기투합하고 잘 어울려야 한다. 그렇게 함으로써 운명의 기운을 얻게 된다. 또한 남에게도 행운을 나누어 주게 된다. 남을 생각하지 않고 제 입장만 생각하고 사는 것은 남을 저주하면서 사는 것과 마찬가지다. 이러면 하늘도 저주하게 되어 있다.

천지신명은 모든 사람이 협력을 통해 대자연이 최대의 효율로 발전하기를 갈망하고 있다. 운명의 기운이란 사람과 소통되어야만 크게 증진될 수 있다. 저 멀리 강 건너 사는 사람에게도 나의 기운을 나누어 주어야 한다. 세상은 내가 아니라 우리라는 것을 반드시 명심해야 한다.

하늘은 지극히
공평하다

조금씩 손해보는 삶이 복되다

● 　　　　　　정부에서는 언젠가부터 세금을 더 낸
것을 환급해주고 있다. 좋은 제도이다. 또한 백화점 등 상점에서는 잘못
산 물건을 교환해주거나 환불해준다. 이와 반대 성격으로 추징이라는 것도
있는데, 이는 대개 벌금 형태로서 내지 않은 세금 등을 더 내게 하는 제도
이다. 환급이나 환불 그리고 추징은 잘못된 거래를 바로잡는 것이니 당연
한 이치에 의한 것이다.

　　이런 제도를 더 확장할 방법은 없을까? 있다! 아니, 이미 무한대로 확
장되어 있다. 사실 환급과 환불, 추징은 하늘의 섭리 그 자체다. 하늘은 보
이지 않는 힘으로 대자연을 관리하고 있는 바, 이것이 아니면 대자연은 불
균형으로 인해 무너질 수밖에 없다. 균형이란 어느 곳으로도 치우지지 않

건위천

음을 뜻하는데, 이것은 자연의 운행원리다.

주역에서 하늘의 도리를 건위천(乾爲天)으로 표현하는 바, 이는 세상을 지배하는 최고 원리를 뜻한다. 그런데 균형은 밖에서 바라볼 때 공정한 모습으로 나타난다. 이는 그 누구도 불평불만을 할 수 없다는 뜻이다. 이래서 세상은 제대로 잘 굴러가고 있는 것이다.

이제 우리 자신의 문제로 돌아와보자. 우리는 인생을 살면서 수많은 행위를 하는데, 거기에서 때로는 이익을 보고 때로는 손해를 보기도 한다. 약간씩 엇나가고 있는 것이다. 계속 이익만 보고 산다면 얼마나 좋을까! 그러나 이는 안 될 말이다. 이익이 있다면 손해도 있을 터인즉, 나만 이익을 보라는 법이 없다.

세상은 돌고 도는 것이다. 이는 공평하다는 뜻이다. 그런데 여기서 아주 중요한 원리를 간과해서는 안 된다. 우리는 방금 하늘이 세상을 경영하는 대섭리를 깨달았으니, 그것은 공평, 공정, 균형, 평등을 말한다. 세상끼리 공평할 뿐 아니라 하늘과 인간관계도 공평한 법이다.

공평! 이는 절대로 잊어서는 안 된다. 만약 우리가 어디 가서 부당하게 이익을 얻는다면 반드시 하늘이 이를 추징하게 되어 있다. 한때 얻어서는 안 될 이익을 얻는다면 이를 하늘이 방임하지 않는다. 세상의 균형을 위해서이다. 운명이란 공정하다. 하늘의 섭리도 공정한 법이다.

우리는 헛된 이익을 얻을 생각을 해서는 안 된다. 만일 우리가 아주 조금씩 눈에 보이지 않는 부당한 이익을 얻었다고 해보자. 지금 법적인 이야기를 하는 것이 아니다. 하늘의 도리를 이야기하는 중이다. 쌓여가는 부당한 이익, 하늘 아래 이것을 감출 방법은 없다. 하늘은 이것을 다 계산하고 있다. 그러다 어느 날 갑자기 부당하게 번 돈 모두를 한꺼번에 추징당하게 된다. 수천만원, 수억원 또는 그 이상이 될 수도 있다. 친구에게 음식 값을 떠넘기고, 돈을 빌리고 나서 갚지 않고, 선물 값을 아끼고 한 것들이 합산되고 이자까지 붙어서 나타난다.

하늘의 추징은 대개 사고의 형태로 나타난다. 치료비 많이 드는 병에 걸린다거나 교통사고가 난다거나 사기를 당한다거나 하는 등 그 유형은 실로 다양하다. 중요한 것은 반드시 온다는 것이다. 부당한 작은 이익을 얻으며 재미를 보다가 그것이 뭉쳐서 크게 추징된다면 참으로 억울하다. 그러나 실은 억울할 것이 없다. 하늘은 공정할 뿐이다.

반대로, 긴 세월 동안 아주 작은 보이지 않는 손해를 봐왔다고 해보자. 무슨 일이 일어날까? 뻔한 이치다. 하늘은 이것을 환급해준다. 세상은 부당한 이익이나 손해가 계속되지는 않는다. 일정 시간이 오면 하늘은 균형을 맞춰주고 천지의 운행은 영원히 이어가는 것이다.

인생은 손해를 조금씩 보면서 사는 것이 훨씬 유리한 법이다. 그 모든 것을 환급받을 뿐 아니라 좋은 일을 해서 쌓인 인격은 별도로 복을 받게 되어 있다. 사실 인간에게 항상 조금씩 손해보고 사는 것은 하늘에 저축한 것이고, 또한 운명에 보험을 들어놓은 것과 같다. 아득바득 살지 말아야 한다. 조금씩 뿌리며 사는 것이 가장 복되게 사는 방법이다.

하루가 즐거우면
인생이 즐겁다

언젠가 신문에서 보았는데, 어떤 재벌이 매일 점심을 짜장면 한 그릇으로 때운다고 했다. 신문은 그 사람의 검소한 면을 집중 보도하고 있었다. 재벌이면 돈이 많을 테니 한 끼 식사로 값비싼 고급 한우라든가 전복이라든가 스테이크를 먹어도 되는데 절약을 위해 값싼 짜장면을 먹는 것이 칭찬거리가 된 것이다. 짜장면이 좋아서 매일 먹는 것이 아니라 절약, 오로지 절약 때문이라는 것이다.

절약이 미덕이던가? 그렇지! 절약은 미덕이 맞다! 빚내서 명품 사들고 다니는 사람이 얼마나 꼴값인가! 하지만 재벌이 돈을 아끼기 위해 매일 짜장면을 먹는 것은 더욱 꼴값이다. 꼴값 정도가 아니다. 그는 큰 죄를 짓고 있는 것이다. 온 국민이 그와 같다면 이 나라는 불황을 넘어 공황상태에 빠

184

질 것이다.

사람은 어느 정도까지는 소비가 의무이고 미덕이다. 재벌이 절약을 미덕이라고 주장하고 싶다면 짜장면이 아니라 그보다 값싼 라면을 먹으면 된다. 나는 실제로 라면을 주식으로 해서 3년 이상 지냈던 적이 있다. 나는 그것을 가난이라고 말하지 절약이라고 말하지 않았다.

소위 짜장 재벌인 그 사람은 많은 상가 건물을 가지고 있었는데 후에 크게 망했다고 들었다. 짜장면이 너무 비싸서 그렇게 되었을까? 분명 그는 너무 궁상을 떨었기 때문에 하늘이 그의 재산을 거두어들였을 것이다.

또 한 사람은 내가 아는 사람인데, 그는 재벌까지는 못 되지만 천억 정도를 가진 재력가였다. 이 사람은 1년에 닭백숙 한번 사 먹고 공원에 가서 맥주 한 캔 마시는 정도가 고작이었고, 그 외에는 철저히 절약을 했다. 그런데 이 사람은 나중에 병이 나서 다리를 두 번이나 절단했다. 돈을 그토록 썩히니 몸이 썩고 만 것이다.

돈이란 쓰고 벌고 하는 것이지 꽉 틀어쥐고 부들부들 떨면 안 된다. 절약과 인색은 다르다. 누구든 수준에 맞게 적당히 돈을 쓰는 것은 칭찬할 일이지 절대로 죄가 아니다.

한 사람만 더 이야기하자. 이 사람은 일류대학을 나와서 좋은 직장을 다닌다. 수입은 보통 월급쟁이보다 나쁘지 않았다. 그런데 이 사람은 휴일에도 일을 한다. 이른바 투잡족이다. 이 사람 아내가 20년 후를 계산해봤더니 하나뿐인 아들이 대학 갈 때쯤 집안 형편이 빠듯할 것이라는 전망이 나왔다. 그래서 휴일 없이 일을 계속하라고 명령했다는 것이다.

참으로 가관이다. 평생 휴일에도 쉬지 못하고 놀지도 못하고 일만 한다고 돈이 얼마나 더 쌓일까? 이는 궁상스러운 중에도 급수가 아주 높은 수준이다. 이 사람은 반드시 실패할 것이다.

사람이 적당한 돈을 들여서 생을 즐기는 것은 본능을 떠나서 그 자체로 재수 좋은 일이다. 하루를 행복하게 지내는 것은 꽃을 피우는 것과 같다. 이는 축복받는 행위다. 한없이 아끼며 궁상을 떨면 모든 돈을 다 하늘에 빼앗기게 된다.

세상에 꽃이 많은 이유가 무엇일까? 그것은 천지신명이 세상을 아름답게 꾸미고자 함이다. 인간의 생활에 문화행사가 있는 것도 사회를 아름답게 하고자 함이다. 조금이나마 인생을 즐기는 것이 운명을 개척하는 행위인 것이다.

화풍정

주역에 화풍정(火風鼎)이라는 괘상이 있다. 이는 한 송이 꽃을 피운다는 뜻으로서, 의혹에서 벗어나 보람을 찾는다는 의미다.

인생은 돈을 쌓는 것이 목표가 아니다. 그 돈을 얼마나 아름답게 쓰느냐가 더 중요하다. 열심히 살아가는 한때에 돈을 좀 들여서 기쁨을 창조하는 것은 절약보다 훨씬 훌륭한 행위다. 이렇게 살아야만 운명이 좋아진다. 독하게 절약만 하면 오히려 쓸 일만 많아진다. 돈에 대해 너무 소심하면 부자가 못 되는 법이다.

생활을 즐겁게 하는 것이 요점이다. 호사스럽게 살라는 뜻이 아니다. 돈 못 벌까 벌벌 떨면서 휴가 한번 못 가면 영원히 그 상태로 살게 된다. 할 일 없으면 즐거움이라도 만들어야 한다. 작은 기쁨은 큰 기쁨을 끌어들이는 계기가 된다. 가족과 외식 한번, 남들 다 가는 휴가, 친구와 어울려 술 한 잔 나누는 것 등은 즐겁게 살겠다는 뜻이 있으므로 하늘도 이를 대견하게 바라본다.

비유해서 생각해보자. 자식이 있는데 이 아이는 즐겁게 쓰라고 준 돈을 무조건 저축한다. 매번 그렇게 한다. 대견한가? 징그러울 것이다! 부모가 준 돈을 보람 있게 쓰며 기뻐한다면 얼마나 보기 좋을까! 자그마한 즐거움도 마다한 채 오로지 큰돈만 모으려는 자는 하늘을 원망하는 것에 지나지 않는다.

하늘은 명랑한 사람을 좋아하는 법이다. 인간의 기쁨은 우주를 강하게 만들기 때문이다. 욕심이 많은 자는 기쁘지 않고, 기쁘지 않은 자는 슬픈 일만 생긴다. 좋은 일이 생겨서 기뻐하는 것이 아니다. 기뻐하면 좋은 일이 생기는 법이다.

새로움에 도전하는 즐거운 방법, 노래

부르는 노래가 바뀌면 운명도 바뀐다

● 　　　　　　　　　　 앞서 목소리에 대해 논한 바 있다. 이 것을 노래에 적용해보면 어떨까? 노래는 목소리를 내어 자기도 듣고 남에게도 들려주는 것이다. 여기에 무슨 보람이 있을까?

천뢰무망

　　　　　　　　　　 주역에 **천뢰무망(天雷无妄)**이라는 괘상이 있다. 이는 하늘의 섭리가 울려 퍼진다는 뜻이다. 이로써 우주가 잘 운행된다는 의미다. 음악의 역할도 바로 이것인데, 음악까지는 못 된다 하더라도 평소에 노래하는 것은 운명 개척에 큰 도움이 된다.

노래는 우선 침체된 마음을 일으켜 세우는 효과가 있다. 그리고 또한 정지

뇌지예

되어 있는 것을 움직이게 하는 효과도 있다. 노래 말고 이토록 쉽게 효과를 발휘하는 것은 찾아보기 힘들 것이다. 노래는 그 자체로 사람에게 기쁨을 주는 것이니 틀림없이 약이 된다. 주역에 **뇌지예(雷地豫)**라는 괘가 있는 바, 이는 흔들어서 잠자던 땅을 깨운다는 의미인데 운명이란 것도 이런 식으로 발현된다. 노래도 이런 역할을 하므로 운명 개척에 큰 도움을 주는 것이다.

이 외에도 노래는 많은 의미가 있다. 구체적으로 살펴보자. 우선 여러분은 어떤 노래를 하는가? 저마다 즐겨 부르는 노래가 있을 것이다. 그리고 소위 18번이라고 하는 가장 잘하는 노래도 있을 것이다. 아무튼 좋다. 자신이 부르는 노래의 특성이 무엇인가? 옛날 노래인가? 요즘 노래인가? 명랑한 노래인가? 슬픈 노래인가? 명곡인가? 대중가요인가? 가곡인가? 외국노래인가? 웃기는 노래인가? 심각한 노래인가? 사랑 노래인가? 이별 노래인가? 그 노래가 어떤 노래든 이들 부류에 속할 것이다.

내가 아는 어떤 사람은 같은 노래를 30년씩 하고 있다. 대개 보면 사람들은 하던 노래를 오랫동안 부르고 있다. 10년 만에 어떤 친구를 만났는데, 여전히 예전에 하던 노래를 부르는 것이었다. 나 자신도 40년 전에 부르던 그 노래를 계속 부르고 있다.

이는 무엇을 뜻하는가? 사람은 쉽사리 취향이 바뀌지 않고 감정의 틀도 어떤 성향을 갖고 있다는 것이다. 당연한 일이다. 누구든 자기의 감정 특성이 있을 터인즉, 어떤 부류의 노래가 계속 좋을 수도 있을 것이다. 그래서 이렇게 된다. 내가 노래를 부르고 노래가 나를 잡아당긴다. 한쪽으로 점점 고착되어간다는 뜻이다. 이래서 좋을까? 공자는 이렇게 말했다. "군자는 하나의 용도로 쓰이는 그릇이 아니다[君子不器]."

이는 한쪽에 치우치지 말라는 뜻이다. 폭을 넓혀야 한다는 의미다. 노래는 그 사람의 성격 판단에 아주 중요한 자료이다. 그 사람의 노래를 보면 그 사람의 유형을 알 수 있는 것이다. 유형! 이것은 어쩔 수 없는 일이지만 한 곳에만 있어서는 안 된다. 노래가 바뀌면 감정도 바뀌고 이로써 운명도 바뀌게 된다. 그렇기 때문에 안 해본 노래를 해봐야 한다.

많이 배워 폭을 넓히면 넓힐수록 좋다. 사람들이 부동산을 소유할 때 면적이 넓기를 바란다. 넓은 것은 보다 자유롭기 때문이다. 노래도 마찬가지다. 노래는 사람을 한곳에 붙들어놓는 작용을 한다. 노래가 바뀌면 사람이 바뀐다는 것을 잊어서는 안 된다. 하던 노래만 계속 하는 사람은 인생이 한곳으로 쏠릴 가능성이 아주 많다. 나도 노래 때문에 그렇게 되었는데, 이것을 고치려고 무던히 애쓰고 있는 중이다. 그랬더니 못하던 노래도 약간씩 하게 되고, 그로써 영혼이 다른 쪽으로 활동하는 것도 느낄 수 있었다.

저마다 소질이 다르기 때문에 많은 노래를 소화하기는 어려울 것이다. 하지만 쉬운 것부터 해 나가면 된다. 오랜 세월 동안 똑같은 노래만 하면서 인생이 바뀌기를 기대하지 말라. 잘 안 된다. 노래는 이토록 사람을 가두어놓는다. 마약하고도 비슷한 면이 있다. 여기서 벗어나야 한다.

한가할 때 속으로 웅얼거리며 새로운 영역에 도전해보라. 엉터리라도 좋다. 그저 새롭기만 하면 된다. 새로움에 익숙해진다는 것은 영혼이 크게 작동하고 있다는 뜻이다. 노래의 틀을 바꾸고 넓혀 나가면 반드시 새로운 일이 생길 것이다. 정말, 정말 믿어도 좋다.

진실보다
좋은 명품은 없다

●   미리 밝혀두지만, 자기 형편에 맞게 명품을 사서 지니는 것은 논의 대상이 아니다. 품위를 위해 또는 취향이 그래서 유명 제품을 사용하는 것은 적당하기만 하면 오히려 칭찬할 만하다. 앞서 어느 짜장 재벌을 이야기했었는데 그의 품격은 빵점이었다. 꼭 비싼 물건을 사용하라는 것은 아니다. 애써 싼 물건만 찾아다니지 말라는 뜻이다. 궁상스럽고 문화가 없는 행위이기 때문이다.

하지만 본인의 능력에 비해 과도한 물건을 사용하는 것은 어떨까? 이른바 허영이라는 것인데, 사람들은 왜 이런 짓을 할까? 남에게 잘 보이기 위해서일 것이다. 평생 무인도에 산다면 굳이 비싼 명품이 필요 없다. 분수에 맞지 않는 명품을 사는 사람은 비록 돈에 쪼들릴지언정 남에게 멋있

192

게 보이려고 그 짓을 하는 것이다.

무엇을 멋있게 보이려고? 첫째는 돈이다. 속으로야 빚이 있든 말든 겉으로 돈이 있어 보이고 싶은 것이다. 여자는 흔히 고급 인간으로 보이기 위해 명품에 매달린다. 그러나 명품을 가지고 다니는 사람에 대해 우리의 평가는 어떤가? '오, 돈 많은 사람이구나!' 하고 감탄할까? 결코 아니다. '꼴에 명품을 가지고 다니는군! 저거 짝퉁 아니야? 저거 마련하려고 되게 쪼들렸겠군!' 좀처럼 좋은 평가는 나오지 않는다.

그래도 굳이 명품을 갖고자 하는 사람이 있다. '이 사람은 명품을 가지고 다니는 것으로 봐서 귀한 사람이구나. 함부로 대하지 말아야지'라는 주변 사람의 생각을 기대하는 것이다. 또한 남이 부러워하길 바란다. 남이 부러워하면 자신이 행복해질 테니까! 참으로 어리석은 생각이다. 있는 그대로 보이는 것이 어찌 부끄러운 일일까!

내가 아는 어떤 사람의 이야기를 해보자. 50년 가까이 된 일인데, 그는 가짜 대학생이었다. 대학은 못 들어갔는데 대학생 행세를 하는 것이다. 그것도 서울대생 행세여서 남들이 대단하게 보기는 했다. '공부 참 잘했구나!' 하고. 이 사람은 오랜 세월 동안 가짜 신분을 유지했고 졸업식장에도 나타났다. 예복을 입고 부모님까지 오게 하여 사진을 찍으며 축하를 받았던 것이다. 그런대로 잘 넘어갔다. 그 이후로도 이 사람은 평생 분수에 맞지 않는 가짜 졸업생 행세를 하면서 살았을 것이 틀림없다.

명품 사용자와 가짜 대학생이 닮지 않았는가! 가련한 일이다. 이런 사람은 남을 속이는 사람으로서 현실과 동떨어져 있다. 그러나 하늘은 알고 있다. 단지 몇몇 소수의 사람을 속일 수 있을 뿐이다.

하지만 이보다 아주 큰 문제가 있다. 남을 오래 속이다 보면 자신이 진짜로 그런 사람인 줄 착각하게 된다는 것이다. 완전히 꿈속에서 사는 것이다. 중증 정신병자도 이렇게 살아가고 있지만, 이들은 어쩔 수 없이 병에 걸렸을 뿐이다. 그러나 가짜 신분은 자발적으로 자기 자신을 속이면서 현실을 떠난 것이니 죄도 많고 어리석기 짝이 없다.

이런 사람은 먼 장래가 어떻게 될까? 전문가가 아니라도 쉽게 예측할 수 있을 것이다. 그들은 절대로 좋은 운명을 가질 수 없다. 본인 자체가 세상에서 사라져버렸기 때문이다. 하루라도 빨리 현실로 돌아와야 한다. 그리고 실제 세계에서 자신이 어떤 존재인가를 냉정히 판단해야 한다.

이는 잔인한 충고가 아니다. 병이 있으면 병을 바로 알아야 고칠 수 있는 것이 아닌가! 그토록 명품을 원하고 명품 신분을 원한다면 실제로 그런 사람이 되도록 노력해보는 것은 어떨까? 다른 사람에게 명품 소유자로 보이기보다 자기 자신이 진짜로 명품이 되면 더욱 빛나 보일 것이다.

자기 자신이 명품이 되기 위해서는 무슨 일부터 해야 할까? 간단하다. 우선 진실하게 살아야 한다. 진실한 사람은 깨끗하다. 거짓된 사람은 더러운 놈이다. 자신의 과거가 어떤 사람이든 상관 없다. 이제부터 진실을 택하면 희망이 있다.

천수송

주역의 괘상에 **천수송(天水訟)**이라는 것이 있는

데, 이는 거짓된 것은 오래갈 수 없고 진리는 승리한다는 뜻이다. 우리는 그 무엇보다도 진실을 떠나서는 안 된다. 진실은 최우선적 필요조건이다. 진실 다음에는 하나씩 훌륭한 것을 갖추어 나가면 된다. 오로지 돈, 돈 하는 사람은 오히려 돈이 피해 간다. 재수 없는 사람이 이렇다.

자신을 명품으로 만들어가는 일은 평생 끝이 없는 과정이다. 이는 인생의 목적과도 부합한다. 살아가려면 분명 돈이 필요하다. 그러나 돈이 없으면서 있는 척해봐야 스스로의 상처만 깊어질 뿐이다. 돈은 성실히 살아가면서 벌고자 노력하고, 또한 운명을 고치기 위해 애쓰면 된다. 그러나 자기 자신이 명품이 되려고 노력하는 사람은 더욱 보람이 있다. 소크라테스가 가르친 것이 바로 이것이다.

옷차림이 단정하면
마음도 단정하다

● 　　　　　　　　　　예전에 뉴욕에서 살 때의 일이다. 고
급 식당에 갔는데 출입을 저지당했다. 넥타이를 매지 않았다는 이유였는
데, 일부러 찾아간 식당에 들어가지 못해 참으로 아쉬웠다. 그러나 그 식
당의 방침에는 불만이 없었다. 정보가 부족했던 나의 불찰로 여겼다.

　그 식당은 손님들이 정장을 차려 입는 것이 남에 대한 배려라고 주장
하는 바, 이는 당연한 일이다. 깨끗한 옷차림을 보면 분위기도 좋아지고
입맛도 좋아지는 법이다. 옷차림은 또한 품위를 높여주기 때문에 각별히
신경 쓸 내용이다.

어떤 사람들은 편하다는 이유만으로 집에 혼자 있을 때 입을 만한 복장을

196

하고 사람을 만나는데, 이는 괜찮은 행동일까? 생각해보자. 만약 남자가 그런 옷차림으로 여자를 만나면 어떨까? 이는 사람을 우습게 보는 태도가 아닐 수 없다. 긴장도 없고 아름다움도 없어서 남에 대한 존중은 찾아볼 수 없다. 등산을 할 때 그런 복장을 한다면 나무랄 일도 아니다. 하지만 진지한 자리에 편안함만을 추구한다면 이를 무례하다고 하는 것이다.

귀인의 파티에 초대를 받았는데 운동복을 입고 나타난다면 이것은 모욕에 해당한다. 법정에서 판사가 와이셔츠 차림으로 재판을 진행한다면 어떨까? 이는 권위가 없어 보여 재판의 신뢰성마저 떨어뜨릴 것이다. 교황이 점퍼 차림으로 돌아다닌다면 종교의 신성함마저 짓밟는 경악스런 행위가 아닐 수 없다.

편한 게 좋다면 아예 시원하게 벗고 다니면 된다. 하지만 이런 행위는 사회의 품위를 손상시키고 풍기를 문란하게 만들 것이다. 어떤 여자가 옷을 되는 대로 주워 입고 슬리퍼를 끌고 나와 남자를 만난다면 이 여자는 추한 여자이다. 사랑할 가치도 없다. 사람이 복장을 아름답게 또는 단정하게 갖추는 것은 실용을 떠난 심오한 가치가 있기 때문이다.

복장을 제대로 갖추는 것은 공자도 좋아했던 일이지만, 옷이라는 것은 단순히 몸을 보호하는 데 그치는 물건이 아니다. 옷이 갖는 의미는 참으로 심오하다. 동물에게는 아예 옷이 필요 없거니와, 사람의 옷은 행동을 자제하게 하고 아름다움을 갖추게 함으로써 인격을 향상시킨다. 공자는 실질과 문화를 겸비해야 군자라고 말한 바 있다.

옷을 갖추는 것은 주역의 괘상으로 **수택절(水澤節)**에 해당하는데, 이는

수택절

풍수환

난폭함을 다스리고 안정을 유지한다는 뜻이 있다. 즉 사물을 제 자리에 있게 한다는 의미다. 아무렇게나 자유롭게 편리함을 추구하는 것은 **풍수환(風水渙)**이라고 하는 바, 이는 흩어짐을 상징한다. 옷을 아무렇게나 입는 사람은 운명도 아무렇게나 되어버린다는 것과 다르지 않다.

유럽에서는 옷을 단정히 갖추어 입은 남자를 신사(紳士)라고 하고, 여자의 경우는 숙녀(淑女)라고 말한다. 옷이란 몸을 품위 있게 함으로써 그 안에 깃들어 있는 영혼을 가지런히 하는 중요한 존재다. 주역에서는 옷이란 혼돈을 막아준다는 뜻이 있는 바, 이는 운명도 보호해준다.

나는 예전에 옷을 단정히 입는 것만으로 운명을 개선해본 적이 많았다. 남에게 잘 보이기 위한 이유보다는 내 자신을 위해 옷에 신경 썼던 것이다. 하늘도 벌거벗은 인간의 모습보다 단정히 차려입은 모습을 중시하는 법이다. 아름다움은 천지 대자연의 목표인 바, 이는 완성을 상징한다. 불운에 빠진 사람은 옷을 더욱 단정히 갖춤으로써 그것을 돌파할 수 있다. 옷을 아무렇게나 입는 사람은 하늘의 뜻에 역행하는 자이다.

귀걸이의
상징성과 효용

● 　　　　　조물주가 사람의 얼굴을 설계할 때 가장 애를 먹은 것이 귀라고 한다. 얼굴 모양은 예쁜데 귀가 돌출되어서 얼굴 전체의 미를 손상하기 때문이다. 그렇다고 귀를 없앨 수도 없고 보이지 않게 감출 수도 없다. 소리를 들어야 하는 귀는 어차피 밖으로 나와야 하는 것이기에 그런 대로 최대한 미(美)를 갖추어놓은 것이 결국 지금 같은 모양이 된 것이다.

　　귀는 아름다움이란 관점에서 상당히 민감한 부분이다. 눈코입은 예쁘게 만드는 것이 어렵지 않지만 귀는 약간만 빗나가도 크게 티가 난다. 그래서 귀가 예쁜 미인이 아주 드문 것이다. 밉지만 않으면 그저 견딜 수밖에 없는 게 귀다.

그런데 인위적으로 귀를 가꾸는 방법이 있다. 바로 귀걸이인데, 먼저 알아 두어야 할 것이 있다. 여자의 미란 장식품이든 옷이든, 핸드백이든 간에 잘만 갖추면 아름다움 자체가 된다. 가꾸어서 예쁜 것 역시 예쁜 것이다.

화장은 말할 것도 없지만 몸을 치장하는 데 귀걸이만한 것이 없다. 반지든, 시계든, 팔찌든, 목걸이든, 브로치든 그 어떤 것도 귀걸이를 당할 수는 없다. 귀걸이는 얼굴 중 가장 예쁘지 않은 곳에 작용함으로써 그 효용이 극대화된다.

풍화가인

이뿐만이 아니다. 귀걸이는 아주 중요한 상징성이 있다. 즉, 주역 괘상으로 한몫을 단단히 차지하고 있다는 뜻이다. 귀는 괘상으로 풍(風,☴)에 해당하는데, 여기에 귀걸이를 달아놓으면 총체적으로는 풍화가인(風火家人)의 형상이 된다. 이는 바람을 잡아놓아 행운을 이끈다는 의미다.

괘상에서 ☲이 귀걸이인데, ☴의 아래에 있어서 날아가는 바람을 잡는다. 이것은 대단히 중요한 의미가 있다. ☴은 하늘의 기운을 공급하는 존재인 바, 이것을 ☲가 잡는 것이다. 즉, 돌아다니는 행운을 수집하는 것이다. 그러니 여자의 귀걸이는 운명을 만들어내는 물건이다.

착용하기도 쉽고 값이 그리 비싼 것도 아닌데 여자들은 이것을 간과하고 있다. 나는 거리에서나 실내에서나 수천수만의 여인을 봤지만 그들은 거의 모두 귀걸이에는 신경 쓰지 않고 있었다. 이는 대단히 어리석은 일이다. 운명을 유도하는 정말 쉬운 방법이 있는데 그것을 활용하지 않는다면

200

어디서 운명을 이끌어내겠다는 것인가!

귀걸이는 최대한 갖추는 게 좋다. 다만 여기에서 알아둘 것이 하나 있다. 귀걸이는 늘어뜨리는 형태가 좋다. 그것이 바람을 잡아당기는 형상이기 때문이다. 자그마한 귀걸이가 귀뿌리에 딱 붙어 있는 것은 의미가 크게 다르다. 이는 주역의 괘상으로 뇌화풍(雷火豐)으로 상징되는 바, 뭉쳐 있다는 뜻으로 활발하지 못한 운명을 의미한다. 이런 귀걸이라면 착용해서 얻는 효과를 따질 수 없다.

그리고 귀걸이는 아름다운 것일수록 좋다. 본시 아름다움이란 무엇인가를 잡아놓는다는 뜻이 있는데, 사람의 시선을 잡아놓든 행운을 잡아놓든 상서로운 작용을 한다. 어떤 여자들은 아예 귀걸이를 착용해본 적이 없다고 하는데, 이는 행운을 잡겠다는 의지가 없는 것이다. 얼굴은 하늘인 바, 귀걸이는 이를 밝게 만드는 존재다. 아름다움과 행운을 모두 잡는 것이 귀걸이이니 여인들이여, 이것을 절대로 놓치지 말라.

취미에서
삶의 에너지를
얻어라

●   인간은 왜 사는가? 이는 철학적 질문
이 아니니 외면하지 말고 끝까지 따라가보자. 어떤 사람들은 먹기 위해 산
다고 말하는데, 먹는 것은 삶의 수단이지 목적이 아니다. 또 어떤 사람은
죽지 못해 산다고 말하기도 하는 바, 이는 삶의 고통을 이야기한 것일 뿐
이다.

그렇다면 우리는 왜 산다고 해야 하는가! 공자는 이렇게 말했다. "아

침에 도를 들으면 저녁에 죽어도 좋다[朝聞道夕死可矣]." 평생을 깨달음에 바치며 살았다는 뜻이다. 그러나 이런 것을 묻는 질문이 아니다. 인생에서 사람마다 특별한 목표가 있을 수 있다. 하지만 목표 외에도 삶의 의미가 있다.

잠시 다른 문제를 생각해보자. 동물은 왜 사는가? 이것도 문제는 된다. 오히려 삶의 포괄적 의미는 인간과 동물을 모두 아우를 수 있어야 할 것이다. 동물에게는 사람처럼 삶의 목표나 철학 같은 것이 없다. 그저 살아갈 뿐이다. 그렇다고 해서 동물에게 삶의 이유가 없다고 말할 수는 없다. 동물은 동물 나름대로의 삶이 있다. 이것을 살핌으로써 나아가 인간의 삶도 이해할 수 있다.

다시 묻는다. 인간은 왜 사는가! 지금의 질문은 동물에 포함되는 인간의 삶을 이야기하고 있다. 이것에 답하기 전에 특별한 예를 살펴보자. 어떤 사람은 자살을 하기도 하는데, 왜 자살을 하는가! 이 문제는 왜 사는가의 반대 질문이다. 이를 통해 삶의 강력한 의미를 밝혀낼 수 있을 것이다.

자살하는 사람은 삶이 재미 없어서 그렇게 하는 바, 그 원인은 많다. 돈이 없어서라든가 실연을 당했다거나 병이 깊어서라든가 죄 짓고 벌 받기 싫어서라거나 등등 이유는 참으로 많다. 이중에서 돈이 없어서 죽는 사람을 보자. 돈이 없으면 살아갈 수 없기 때문에 자살한다. 다른 답을 골라도 의미는 마찬가지다. 죄를 짓고 도망가서 죽는 사람은 사형을 당하거나 평생 갇혀 있는 것이 싫어서 자살을 택한다. 결국 삶을 이어갈 수 없어서 자살하는 것이 아닌가!

돈이 없는 것과 감옥에 갇히는 것의 공통점은 무엇인가? 그것은 자유를 누릴 수 없다는 것이다. 감옥은 당연히 자유를 누릴 수 없는 곳이고, 돈이 없으면 역시 자유를 누릴 수 없다. 돈 없는 사람이 무슨 행동을 할 수 있으랴! 당장 자기 몸을 돌볼 식량도 없다. 그러나 이것이 해결되었다 하더라도 연명만 할 뿐이다. 그 무엇도 뜻대로 할 수 없다. 즉, 자유로운 삶이 없는 것이다.

이로써 앞의 질문에 대한 답이 나왔다. 삶의 목적은 자유를 누리기 위해서라고! 자유롭지 못하면 살기가 싫어지는 법이다. 만약 몸이 밧줄에 묶여서 철창 안에서 평생 살아야 한다면 누군들 자살하고 싶지 않겠는가! 같은 상황에서 동물은 자살할 방법을 모르기 때문에 삶을 이어갈 뿐이다. 자유가 없는 삶은 인간이든 동물이든 그저 숨을 쉬고 존재할 뿐 산다고 볼 수 없을 것이다.

　재미 없어서 죽는 사람을 보자. 이 사람은 자의든 타의든 돈이 없어서든, 일정한 틀에서 벗어날 수가 없기 때문에 자살하는 것이다. 즉, 돈에서 자유롭지 못해서 삶을 버린다는 뜻이다. 깊게 들어가면 끝이 없다. 공자 같은 성인을 제외하고 우리 같은 평범한 사람들에게 자유는 절대적인 삶의 요소이다. 자유가 아니면 죽음을 달라고 외쳐대던 혁명투사들의 마음이 이해될 것이다.

　결론은 자유일 뿐이다. 그렇다면 자유는 무엇에 쓰는 것인가? 이는 우스운 질문이다. 자유가 어떤 목표를 위해서만 쓰여진다면 이미 자유가 아니다. 자유란 아무렇게나 살아도 상관 없는 그 무엇이다. 자유는 그저 자유일 뿐이다. 자유가 왜 필요한가를 물어서는 안 된다.

여기서 한 단계 더 나아갈 수 있다. 자유를 가지고 사람들이 무엇을 하는지를 살펴보자. 그들은 자유를 가지고 논다! 그뿐이다. 인생은 일단 놀기위해 산다. 돈을 벌어서 무엇을 하는가? 더 잘 놀기 위해서 필요하다. 어떤 사람은 일하기 위해서 산다고 하는데, 그게 바로 그 사람이 노는 방식이다. 돈 없는 사람이 그런 말을 하면 이는 돈 번 다음에 놀겠다는 뜻이다.

이제 다시 물어보자. 사람은 왜 사는가? 답은 놀기 위해서다. 논다는것, 이것이 자유의 또다른 정의다. 흔히 아이들한테 '가서 놀아!'라고 하는말은 가서 자유를 누리라는 뜻이다. 결론은 다 나왔다.

노는 방법을 이야기해보자. 노는 방법? 당연히 노는 데는 방법이 없다. 이러이러하게 놀라는 말은 자유가 아니다. 자유의 범위를 제한해놓는 것이다. 하지만 노는 방법을 묻는 것은 제한을 두기 위해서가 아니라 어떻게 하면 더 잘 놀 수 있느냐를 묻는 것뿐이다.

더 잘 놀 수 있는 방법은 무엇인가? 그것은 바로 취미다. 취미는 각자가 노는 방법이므로 바로 자유다. 취미는 부자유가 아니다. 자유란 놀기위해 필요한 것인 바, 이왕이면 더 재미있게 노는 것이 좋지 않겠는가! 이는 취미를 통하면 더 재미있다는 뜻과 다르지 않다.

이야기가 길어졌는데 조금만 더 해보자. 삶의 뜻을 확실히 해두기 위해서다. 취미란 무엇인가? 이런 문제는 주역의 괘상을 말해야 확연히 알 수 있

택뢰수

다. 괘상은 만물의 뜻이기 때문이다. 취미는 괘상으로 **택뢰수(澤雷隨)**에 해당한다. 노는데 틀 속에서 논다는 뜻이다. 이는 휴식과 함께 새로운 창조를 위해 준비한다는 의미다. 취미란 삶의 동력을 높이기 위해서도 필요하다.

산풍고

어떤 사람은 취미가 전혀 없다고 한다. 그런 사람이 진짜 있다. 인생을 그저 밥 먹고 자고 멍하니 세상을 바라보며 살겠다는 뜻이다. 세상을 보기 위해 여행 등을 한다는 것도 아니다. 그저 세상이 보이기 때문에 보고 있을 뿐이다. 이런 사람은 자기 자신을 배신하는 사람인데, 주역의 괘상으로 **산풍고(山風蠱)**에 해당한다.

이 괘상은 속으로 갉아먹어 붕괴시킨다는 뜻인 바, 취미가 없는 사람은 세월을 까먹고 인생을 붕괴시키고 있다. 반면 취미생활을 하는 사람은 삶을 창조해가는 사람이다.

잘 논다는 것은 무의미한 게 아니다. 취미는 동물과 달리 인간의 특권이다. 그리고 이를 통해 점점 더 인간다워지는 것이다.

저녁형 인간이
창조적 인간형이다

●   우리처럼 평범한 사람들을 보자. 거의 모두 아침 일찍 직장으로 달려가 열심히 일하고 저녁에 돌아와 쉰다. 그리고는 다음 날에도 그와 똑같이 산다. 이것이 성실하게 사는 인간의 전형적인 모습이다.

다람쥐 쳇바퀴 도는 것 같다고? 하지만 어쩌랴. 아침에 일어나 직장으로 달려가지 않으면 그는 일하지 않는 사람이라고 낙인이 찍힌다. 좋게 봐주는 사람이 없다. 외국 속담에 일찍 일어나는 새가 벌레를 잡는다는 말이 있다. 이는 부지런한 사람을 칭찬하는 말이다. 또한 부지런한 사람은 일찍 일어난다는 것을 강조하고 있다.

하지만 생각해보자. 아침에 일어나 일찍 직장으로 달려가 하는 일이 무엇인가? 주어진 임무일 것이다. 다음 날도 마찬가지다. 그래야 월급을 받을 수 있다. 매일매일 부지런히 일해야 남보다 빨리 승진할 수 있다. 직장이란 할 일이 이미 정해져 있는 바, 직원이 할 일은 맡은 일을 충실해 해내는 것뿐이다.

상황이 이러하니 아침형 인간이란 말도 나왔다. 그러나 이는 크게 잘못된 말이다. 우리 모두가 이미 아침형 인간인데 그것을 강조해서 더 얻을 수 있는 게 무엇인가! 한눈팔지 말고 주어진 일이나 더욱 열심히 하라는 압박에 지나지 않는다. 매일 똑같은 레일 위를 달리는 기차와 다르지 않다. 이래서는 새로운 운명이 찾아올 틈이 없다.

운명이란 창조적인 것인즉, 반드시 기회가 주어져야 한다. 운명은 아무렇게나 마구 찾아오는 것이 아니다. 무엇인가 그만한 이유가 있어야 한다. 직장에서 주어진 일을 열심히 하는 것은 바로 지금 생산을 위해서다. 당연히 필요한 일이다. 하지만 운명을 개선하기 위해서는 이것만으로는 부족하다. 절대로 될 일이 아니다. 주어진 것에 열심히 매달리는 것은 현상유지일 뿐이다.

운명을 개선하기 위해서는 늘 하는 일 말고 무엇인가 다른 일도 해야한다. 현실에 불성실해도 좋다는 뜻이 아니다. 현실은 현실대로 충실하되, 그밖에 무엇인가가 더 필요한 것이 있음을 이야기하는 중이다.

그렇다면 언제 그 추가적인 일을 해야 하는가! 물론 직장에서는 업무 말고 다른 일을 하면 안 된다. 퇴근 후에나 가능하다. 이러한 자유시간을 운명 개척에 써야 한다. 누구든 자유시간이 없이 매일 같은 일에만 매달린다면 오히려 게으르다고 말해야 한다. 부지런함이란 주어진 일은 물론이고 앞날을 위해 준비하는 것이기 때문이다. 옛 성인(은나라 탕왕)도 말했다. "날이면 날마다 새로워져라[日新又日新]."

아침에 일찍 일어나 주어진 일에만 충실하다보면 새로워지기는커녕 점점 판에 박힌 사람이 되어갈 것이다. 퇴근 후에 곧장 집으로 달려가 다음 날을 대비하는 것이 능사는 아니다. 일하고 남은 시간에는 반드시 새로운 운명을 개척하는 데 관심을 기울여야 한다. 현재에만 만족해서는 안 된다.

밤늦도록 생각하고 행동해야 한다. 아침 이른 시간에는 현재에 충실해도 좋다. 하지만 저녁 늦은 시간에는 먼 미래를 대비해야 한다. 저녁형 인간은 방만한 것 같지만, 실은 미래를 대비하는 창조적 인간인 것이다.

집에도
운명이 있다

사는 곳이 운명을 만든다

이사가 어려우면 인테리어를 바꿔라

●　　　　　　　　운명을 아는 방법은 흔히 세 가지로 구분된다. 첫째는 태어난 시기를 보는 것으로 사주추명학(四柱推命學)이라 하고, 둘째는 사는 곳을 보는 방법으로 풍수학(風水學)이라고 한다. 세 번째 방법은 사람의 행동을 보는 것으로 인성운명학(人性運命學)이라고 할 수 있다. 이 세 가지는 천지인(天地人)을 이루고 있다.

그 동안 우리는 인성운명학적으로 인간의 행위와 그 결과인 운명에 대해 고찰해왔다. 이 장에서는 풍수학 중에서도 양택풍수학(陽宅風水學), 즉 우리가 사는 집의 운명과 사람의 운명에 대해 논의하려고 한다. 집은 운명을 이끄는 데 큰 몫을 차지하기 때문에 결코 간과할 수 없다.

집의 논리는 무엇인가? 우선 우리의 영혼을 보자. 어디에 기거하는가? 바로 몸 속에 깃들어 있다. 몸은 다름 아닌 영혼의 집이다. 관상이 의미 있는 이유는 그곳에 영혼이 깃들면서 영혼의 영향을 받기 때문이다.

　주역에서는 영혼이 양이고, 몸은 음으로 풀이한다. 우주에 있는 모든 사물은 음양의 논리로 해석할 수 있는데, 우리의 몸이 들어가 생활하는 곳도 이 논리로 설명된다. 집은 음이고, 그곳의 주인인 몸은 양이다. 이제 집의 의미를 더욱 확장할 수 있는데, 사는 동네 또는 더 넓은 지역까지도 우리 운명에 영향을 미친다. 즉, 지역 → 집 → 몸 → 영혼 등의 단계로 환경은 영혼에 영향을 미쳐 운명을 생산하는 것이다.

그렇다면 우리는 어떤 곳에 살아야 하는가? 한마디로 답하면, 좋은 곳에 살아야 한다. 그래, 말은 맞다. 하지만 어느 곳이 좋은지 어떻게 아느냐 말이다. 이 역시 그럴듯한 질문이다. 문제는 어떤 곳에 살아야 하는지 쉽게 알 수 없다는 것이다. 당연하다. 집의 논리는 주역의 이치를 깊게 이해해야만 알 수 있다. 그러나 방법은 있다. 그저 집이 운명에 영향을 미친다는 정도만 알아도 도움을 받을 수 있다.

　우리가 어느 곳에서 오래 살았다고 해보자. 거기서 살 때 좋았느냐고 물을 수 있다. 별로 좋은 일은 없었지만 그럭저럭 살고 있다고 한다면, 이는 크게 잘못된 것이다. 인간을 위해 집이 필요한가, 집을 위해 인간이 필요한가? 인간은 단순히 집 지킴이가 아니다. 집이 운명에 도움이 안 되면 과감히 떠나야 한다. 인간은 이사 갈 권리가 있다. 그로써 운명의 개척을 적극적으로 시도해야 한다. 그 집에 정이 들었든, 아이들이 학교에 다니기 좋든, 처갓집이 가까워서든 전체적으로 보아 별다른 운명적 이익이 없었다면 떠나야 한다.

물론 딱히 좋은 집이 어딘지 전문가가 아니면 쉽게 찾아내기 어렵다. 하지만 경험이나 육감을 통해 좋은 집을 찾을 수 있다. 잠이 잘 온다거나, 불안감이 사라졌다거나 부부싸움이 줄었다거나, 건강해졌다거나, 좋은 일이 생겼다면 그 집은 좋은 집이다. 주변에서도 집을 잘 선택함으로써 운명이 갑자기 개선되는 경우를 흔히 볼 수 있다.

반대로 살면서 일이 오랫동안 안 풀리면 일단 사는 집을 의심해볼 필요가 있다. 사람은 매일 집의 영향을 받게 되어 있는 바, 집에 대해 무심하면 안 된다. 나도 경험해본 바가 많은데, 사는 집을 잘 고르지 못하면 오랜 세월 허송세월을 보내게 되는 법이다. 나이 들어서 중병이 생기는 것은 대부분 집이 원인이다.

동네가 나빠도 운명이 나빠진다. 동네가 왠지 싫다거나 불안하다거나 이웃이 무섭다거나 잠이 잘 안 온다거나 피로가 잘 안 풀린다든지 하면 그 동네가 바로 나쁜 동네인 것이다. 다른 일에 애쓰지 말고 이사하는 것을 적극적으로 고려해야 한다.

그런데 도저히 이사 갈 형편이 안 된다면 어떻게 해야 할까? 이때는 가구 배치를 바꾸거나 집안 환경을 바꾸어보는 것도 하나의 방법이다. 특히 잠 자는 머리 방향과 앉아서 일을 할 때의 방향을 바꾸어볼 필요가 있다.

가장 먼저 고려할 것으로 방에 문이 많아서 노출되는 느낌이 들면 안

212

좋다. 이는 영혼이 기피하기 때문이다. 영혼은 극양(極陽)이니 집은 음이어야 한다. 음양의 뜻을 잘 모르면, 집은 환하고 밝은 것보다 묵직해야 한다고 이해하면 된다. 다시 말해 방은 활동성보다 평정(平靜)을 중시해야 한다는 뜻이다.

그리고 사는 집은 거실과 방이 따로 있는 것이 좋다. 이런 집에 살 형편이 안 되면 거실이든 방이든 더욱 고요하게 만들어야 한다. 마치 절터에 온 것처럼. 방에 꽃나무를 놓으면 좋고, 서예작품이나 골동품 등도 괜찮다. 오래된 물건, 나무 제품 등도 좋다. 이 모든 것이 음이기 때문이다.

원리는 간단하다. 집은 음이어야 한다는 것이다. 전문적으로 표현하면 방은 고요한 연못 같아야 한다. 흐르는 강물의 느낌은 아주 안 좋다. 주역의 괘상으로 방은 ☱(澤)이어야 하고 ☴(風)은 안 된다. ☱은 연못같이 고요하고 약간 어두워서 보호받는다는 뜻이다. ☴은 바깥에 있는 공원 같은 곳인데 산만한 방도 ☴에 해당한다. 이런 곳에 오래 살면 운명적 낭비가 심해진다.

집의 선택은 깊은 논리가 바탕을 이루므로 모두를 밝힐 수는 없다. 단지 집은 운명에 영향을 미친다는 것, 음이어야 한다는 것, 연못 같아야 한다는 것, 산만하지 않아야 한다는 것 등을 유의하면 된다.

그러나 어쨌거나 일이 잘 안 풀리면 이사를 가는 것이 좋다. 옛날 왕국은 천도(遷都)라는 것을 행하기도 했는데, 이는 왕궁이 이사 가는 것을 뜻한다. 사는 곳을 잘 선택하는 것은 운명을 장악한다는 의미가 있다.

4

인간에게는
운명을 거스를
자유가 있다

운명이면
다 되는가!

실력은 필요조건, 운명은 충분조건

● 　　　　　　　　사람이 일생을 살면서 운명이 좋으면
분명 남보다 앞서 갈 수 있다. 하지만 운명 외에 다른 것은 별로 중요하지
않은 걸까?

앞서 모든 것이 운명이라고 생각하는 것은 틀렸음을 설명했었다(p.28
~29 참조). 인생에는 운명적인 것과 그렇지 않은 것이 있는 것이다. 생명
체가 아닌 사물의 경우에는 자연법칙에 의해 미래가 결정되므로 운명이다
뭐다 논할 것도 없다. 우연이 운명이고 운명이 우연이기 때문이다. 그러나
생명체, 특히 인간의 경우에는 분명 운명이란 것이 존재한다. 운명에 대해
깊이 논하자면 책 한 권으로는 부족하다. 여기서는 대략 느낌만 전할 수 있
어도 족하다.

문제는 운명이 인생에서 차지하는 비중일 것이다. 운명은 분명 무시할 수 없는 아주 중요한 조건의 하나다. 즉, 운명은 중요하지만 전부는 아니라는 것이다. 당연한 이치다. 인간이 존재하는 한 우주의 운행은 기차 레일 위를 달려가는 판에 박힌 죽음의 행진은 아닌 것이다. 인간이 있으면 우주는 의미가 있다. 그리고 의미가 있으려면 인간에게는 운명을 거스르는 자유가 또한 있어야 한다. 이는 '미래는 새롭다'는 섭리와 다르지 않다.

인간에게는 자유가 있은즉, 운 외에 무엇이 필요할까? 이는 너무나 뻔한 질문이다. 그 답은 다름 아닌 바로 실력이다. 올림픽에 나가 금메달을 딴 것은 오로지 운명이 좋아서인가? 절대 그렇지 않다. 먼저 실력이 좋고, 그 다음에 운명마저 좋았던 것이다. 세계적 기업들이 승승장구하는 것은 오로지 운명 때문인가? 이것도 마찬가지다. 그들은 그 무엇보다 실력을 갖추고 있는 것이다. 거기에 운명마저 좋았던 것은 더 말할 필요도 없다.

주역에 **뇌풍항(雷風恒)**이라는 괘상이 있는데, 이는 실력이 운명의 기운을 받고 상승한다는 뜻으로, 훌륭한 장수가 좋은 말을 타고 달리는 것과 같은 의미다. 세상은 이렇게 되어 있는 법이다. 실력 그리고 운명이다. 실력이 먼저다. 그래서 옛사람은 말했다. "사람의 일을 다한 연후에 천명을 기다린다[盡人事待天命]."

사람이 먼저 최선을 다한 연후에 운명을 기다리는 것이다. 실력은 없으면서 운명만을 기대해서는 절대 안 된다. 그래서 인간은 실력 향상을 위해 끊임없이 노력해야 한다. 실력은 말하자면 사회적응 능력으로서 필요조건이다. 실력이 없으면 아예 올림픽에 출전할 자격이 주어지지 않는다.

인생에 있어서도 이는 마찬가지다. 그럼에도 운명을 강조하는 것은 실력이 있어도 운명이 나쁘면 좋은 결과를 기대할 수 없다는 의미지, 운명만 있으면 다 된다는 것은 결코 아니다. 운명은 충분조건일 뿐이다. 필요조건이란 우선적 조건으로서 이것이 없으면 충분조건이란 말조차 할 수 없다.

운명은 보이지 않는 것이어서 갖추기가 어렵다. 이에 비해 실력은 눈앞에 보이는 것으로서 애쓴 만큼 얻어지게 마련이다. 실력이 없으면 그것부터 갖추어야 한다. 어리석은 짓을 계속하면서 "나는 운명이 좋으니까 잘될거야"라고 말한다면 이는 꼴값에 해당한다. 그리고 인생에서 실력을 갖추기 싫어한다면 이는 살아갈 자격이 없는 것이다.

했는데 안 되는 것은 어쩔 수 없는 또다른 문제다. 하지만 귀찮아서 또는 기력이 없어서 실력을 갖추지 않겠다면 이 자체로 이 사람은 실력은 물론 재수마저 없는 것이다. 실력이 있으면서도 겸손한 사람은 운명마저 끌어들이는 것이니 제대로 사는 것이다. 오로지 운명만을 기다리는 것은 게으른 자의 속성이다.

좋은 인연 vs. 나쁜 인연

●   부부가 아주 잘 만났을 경우를 천생
연분이라고 한다. 마치 하늘이 일부러 짝을 지어준 것 같다는 뜻에서 사용
하는 말이다. 실제로 나는 그런 짝을 만나봤는데, 이들은 매사가 척척 맞
아떨어졌다.

우리는 이 개념을 부부에 한정시키지 않고 폭넓게 인간끼리의 교류에
도 사용할 수 있다. 보통 궁합이라는 것은 남녀 사이에 보는 것인데, 요즘
에 와서는 사업 파트너와 궁합이 맞는지를 많이 묻는다. 그 사람과 같이 일
하면 잘되겠느냐 또는 그 사람은 믿을 만한가를 묻는 것이다.

그런데 궁합과 연분은 다소 의미가 다르다. 궁합이란 사람의 속성에
따른 오행 분류로 어떤 것끼리 잘 맞는지가 이미 정해져 있다. 예를 들어

220

여자가 수(水)이고 남자가 목(木)일 경우 수생목(水生木)이어서 사이가 좋다고 설명한다. 옛날에는 궁합은 결혼 전에 반드시 살펴보는 통과의례였다. 그러나 이것은 정밀함이 많이 떨어지기 때문에 전적으로 의존할 수는 없다.

조금 다른 식으로 생각해보자. 누구든 어떤 사람하고 잘 맞았었는지에 대한 기억이 있을 것이다. 나와 무슨 일이든 척척 맞아떨어졌던 그 사람 말이다. 그런가 하면 서로 맞지 않아 항상 부딪히다가 결국 손해만 보고 관계를 청산한 경험도 있을 것이다. 실제로 운명에는 손해를 끼치는 사람과 이익을 주는 사람이 있는가 하면, 또 어떤 경우에는 서로 평생 중요한 관계를 맺게 되는 사람들이 있다.

부부의 경우 서로 궁합이 맞든 안 맞든 이루어진 그 자체로 대단한 운명적 관계가 아닐 수 없다. 부모자식 사이는 거의 절대적이다. 좋든 싫든 부모와 자식은 한 운명의 울타리에 오래 묶여 있다. 친구지간에도 이런 경우가 있어서 평생 가까이하게 되기도 한다.

도대체 우리는 어떤 사람과 그토록 중요한 관계가 되며, 또 어떻게 그런 사람을 선택할 수 있을까? 그리고 평생에 해를 끼치는 사람을 어떻게 멀리할 수 있을까? 지금부터 인간관계가 특별해지는 경우가 어째서 발생하는지 깊이 있게 다루어보자.

우선 자연과학의 관점을 알아보자. 현대의 첨단과학인 양자물리학에서 실제로 발견한 현상인데 현대과학이 발견한 최고의 신비라고 부를 만하다.

'얽힘(entanglement)'이라는 것인데, 물질 입자가 서로 만나 얽히게 되면 그들은 연관된 행동을 하게 된다. 입자가 서로 가까이 있다가 멀리 떨어져도 두 입자는 마치 보이지 않는 끈으로 묶인 것처럼 행동하는 것이다.

예를 들어 한 입자가 어떤 방향으로 움직이면 그의 짝, 즉 얽혀 있는 입자는 반대방향으로 움직인다. 두 입자가 서로 아주 멀리 있고 심지어는 저 우주 끝에 가 있더라도 두 입자는 서로 상관된 움직임을 보이는 것이다.

이것은 실험으로 증명되었다. 자석을 이용해 한 입자의 방향을 설정해 주면 멀리 있는 입자는 자석의 영향이 없는데도 마치 반대 자석의 작용처럼 움직인다. 이 실험은 '아인슈타인-포돌스키-로젠의 역설(EPR paradox)'로 부터 비롯되었는데, 자연의 아주 기묘한 연관에 대한 고찰이었다.

자연의 근원에 그런 일이 있을진대 사회도 반드시 그런 법칙이 있을 수밖에 없다. 이 문제는 파고들어가면 상당히 어려워진다. 그냥 특별히 연관된 사람이 존재한다고 이해하면 된다.

옛 어른들 이야기에 이런 것이 있다. 어떤 사람이 정해진 누구를 만나고 오면 꼭 몸이 아프다는 것이다. 그 둘은 그런 관계인 것이다. 그들은 평생 그런 식의 현상을 겪다가, 죽을 때도 그 사람을 만나고 와서부터 시름시름 앓다가 죽는 것이다.

나의 경우도 그런 사람이 몇 명 있는데, 평생에 도움이 안 되는 사람이었다. 흔히 악연(惡緣)이라는 말이 이런 현상을 일컫는 말이다. 물론 악연 말고 선연(善緣)도 있다. 어떤 사람에게 은혜를 입어 평생 일이 잘 풀리고 다시 만나면 또 좋은 일이 생기는 그런 사이 말이다. 나는 선연, 악연을 다

겪어봤다. 단지 악연이 더 많아서 수십년간 겪은 고통이 이루 다 말할 수 없을 정도였다.

그런 것을 판별해보는 방법은 없을까? 사람과의 인연 관계를 미리 알 수만 있다면 처음부터 선악을 판단하여 거리를 조정하면 될 것이다. 방법이 아예 없지는 않다. 실은 누구나 그런 능력이 있다고 한다. 우리의 영혼은 만나는 순간 선연, 악연을 느낄 수 있는 능력을 갖추고 있다. 물론 수련을 통해 그 능력을 향상시킬 수도 있지만 여기서는 일반적인 이야기만 하자.

도대체 저 사람은 어떤 사람인지 알고 싶다…. 다행스럽게도 특별히 방법을 몰라도 된다. 몇 번 만나보면서 느낌을 살피면 된다. 그리고 몇 번 더 만나 그 사람과의 만남이 보람 있었는지를 평가하면 된다. 약게 놀라는 뜻이 아니다. 쓰면 뱉고 달면 삼킨다는 말이 있는데, 인간관계는 그러면 못 쓴다. 사람은 인내심을 가지고 오랫동안 긍정적으로 대해야 한다. 나의 경우는 보통 10년 정도는 손해를 봐도 만남을 유지한다. 인생이란 본시 손해를 조금 보면서 살아야 하는 것이니, 사람과의 만남에서 너무 계산적이면 안 된다.

하지만 10번이나 20번쯤 그 사람을 만나서 피해만 본다면 약간 의심해야 한다. 의심 후에도 그 현상이 계속되면 이제는 단계를 올려 경계를 해야 한다. 그 사람으로부터 좋은 일이 있을 것이란 생각을 싹 없애야 하는 것이다. 그런 정도면 된다.

요점은 이렇다. 선연과 악연이 있다는 것이다. 이것을 알아내는 방법은 나중 문제이고, 그런 사람이 존재한다는 사실만 알고 있어도 도움이 된다. '저 사람은 나하고 선연일까, 악연일까?'를 생각해보는 것이다. 물론 제법 중요한 사람일 경우를 말한다. 그저 이웃일 뿐인데 선연, 악연을 따지면 의심병 환자가 된다. 판단할 사람에 대해 판단하라는 뜻이다.

인생을 살면서 싫은 사람이라도 어쩔 수 없이 만남을 유지해야 하는 경우도 있고, 좋은 사람인데도 헤어지기도 한다. 인생의 괴로움이 이런 데에 있지만, 이는 너무나 큰 문제다. 이 책의 한계를 넘는다. 그러니 더 나아가지 말고 사람에 대해 진지한 평가를 내리는 데까지만 이야기하자. 일단 나쁜 사람이라는 평가가 나오면 절대로 미련을 두어서는 안 된다. 속으로 반드시 선을 그어야 한다.

끝맺기 전에 좋은 인연을 만나는 방법을 하나 소개한다. 그것은 내가 착한 사람이 되면 된다. 유유상종(類類相從)이라 하지 않았나. 내가 착하면 착한 사람을 만나게 되는 법이다. 인생이란 착한 사람이 되기 위해 사는 것이라 해도 과언이 아니다.

주역이란 무엇인가?

●   이 책의 여러 부분에서 괘상(卦象)이란 것이 등장한다. 바로 동양학의 최고봉으로 일컬어지는 주역(周易)의 64가지 형상을 말한다. 어디 동양뿐이랴! 주역만한 학문은 동서고금과 온 세상을 통틀어도 없을 것이다. 주역은 만물의 뜻을 규명하는 학문인 바, 공자가 평생을 공부하고도 모자라 수명이 짧음을 한탄했을 정도이다. 공자는 이렇게 말했다. "하늘이 내게 몇 년 더 수명을 빌려준다면 주역을 마저 다 배워 큰 허물을 면할 텐데[加我數年 卒以學易 可以無大過矣]…."

현대에 와서는 아인슈타인을 비롯해 닐스 보어, 칼 융, 라이프니츠, 하이젠베르크, 유가와 히데끼 등 쟁쟁한 인류의 지성들이 필사적으로 주역에 매달렸다. 주역을 알면 세상을 알고 세상을 알면 주역을 알게 되기 때문이다. 실로 주역에는 만물의 이치가 다 들어 있다.

운명의 원리도 주역의 범위를 벗어나지 못한다. 만물의 운행은 뜻에 의해 미래가 결정되는 바, 주역은 자연현상의 뜻을 추적함으로써 미래를 알 수 있다. 사람의 행동에는 그 모양에 상관없이 뜻이 있는데, 주역은 그것을 규명하고 있다. 따라서 우리는 사람의 행동을 괘상으로 해석함으로써 하늘이 바라보는 만물의 뜻을 알 수 있고, 이로써 미래를 내다볼 수 있는 것이다.

　사람이든 역사든 그 현상을 괘상으로 나타내는 순간 미래는 그 안에 깃들게 된다. 이것이 천지 대자연의 섭리다. 미래는 과거의 뜻을 이어받아 운행된다. 이 책에서는 사람의 행동의 뜻을 괘상으로 해석함으로써 그 사람의 장래, 즉 운명을 알 수 있었다. 진작에 주역을 먼저 설명했어야 했는데, 그렇게 하면 처음부터 지나치게 논리적이 되어 읽는 데 부담이 되었을 것이다. 그래서 자연스럽게 괘상을 도입하고 지금에 와서야 그것이 주역임을 밝히게 되었다.

요점은 이렇다. 만물은 주역의 괘상으로 표현할 수 있는 바, 그 순간 그 사물에 대한 완벽한 해석이 이루어진다. 그로 인해 미래는 현실에 드러나게 된다.

산풍고

　예를 들어 윗사람을 받들지 않는 것은 **산풍고** (山風蠱)라는 괘상인데, 이는 근본이 무너지고 아래쪽에서 배신이 있다는 뜻이다. 행동의 뜻이 그러할진대 하늘은 그런 행동을 한 사람에게 그와 같은 미래를 만들어주게 될 것이다.

천풍구

남의 행동에 보조를 못 맞추고 엉뚱한 방향으로 끌고 가는 행위는 **천풍구**(天風口)라는 괘상인데, 이는 우연한 사고를 당한다는 뜻이 있다. 일행 여러 사람이 함께 경치를 바라보고 있는데 저 혼자 땅바닥의 개미를 들여다보고 있으면 이는 엇박자 행동이다. 그런 짓을 자주 하여 영혼에 정착되면 그것은 운명으로 변환되고, 갑작스런 사고를 만나게 된다. 화재현장에 갇힌다거나 교통사고를 당한다거나 사기를 당한다거나 뭐 그런 일 등을 만나게 된다는 것이다.

주역이 생소한 독자라도 이 책에서 괘상을 다소나마 익혀두면 세상 사는 데 크게 도움이 될 것이다. 현상에도 뜻이 있고 운명에도 뜻이 있다. 사람은 뜻을 잘 살펴 행동을 삼가야 한다. 무심코 저지르는 나쁜 행동이 운명을 재앙으로 이끌고 간다는 것을 잊어서는 안 된다.

작은 잘못을 더 조심하라

작은 잘못이 모여
악인이 된다

악의 크기가 아니라 횟수가 문제다

● 　　　　　　　　　먼저 이야기할 것은 악인과 죄인은
다르다는 것이다. 죄인이란 국가에서 금지하는 악행을 저지른 자로서 살인
이나 강간, 사기, 절도범 등을 말한다. 악인이란 악을 잘 저지를 자 또는
과거에 많은 악을 저지른 자인데, 비록 국가로부터 벌은 받지 않지만 도덕
적으로 더 나쁜 인간이다.

　　그렇다면 누가 악인인가? 이것은 참으로 어려운 문제다. 사람이라면,

비록 악인이라고 불려도 항상 악행만 일삼는 것은 아니고 때로는 선한 일도 하게 되어 있다. 오로지 악한 일만 하고 사는 것은 사실상 불가능하다. 그리고 악이란 것도 정의하기가 쉽지 않다. 단순히 말하면 악은 남을 해치는 행위이고, 선은 남을 이롭게 하는 행위라고 정의할 수 있는데, 그와 같은 행동을 빈번하게 하는 자를 각각 악인 또는 선인이라고 말한다. 이중에서 악인에 대해서만 이야기한다.

국가에서나 사회에서나 악을 금지하는 것은 같지만, 그 악의 실체는 서로 다르다. 쉽게 말해 사회적인 악이 법적인 악보다 폭이 더 넓다. 예를 들어 공공장소에서의 새치기 같은 행위는 분명히 악인데 처벌은 받지 않는다. 따라서 여기서는 처벌을 받는 악보다는 폭넓은 악을 이야기하고자 한다.

말에 신용이 없는 자가 있다. 약속을 해놓고 그것을 지키지 않는 자인데, 이런 일을 빈번히 하면 일단 악인일 가능성이 있다. 그런 자가 남을 무시하거나 예의가 없으면 악인일 가능성은 더 커진다.

그런데 사람들은 남의 행동을 보고 선악을 결정한다. 그 사람의 마음은 살피지 않는 것이다. 어떤 사람이 진짜로 가난해서 친구에게 밥값 등을 매번 떠넘기면 이 사람에게는 나쁜 놈이라는 낙인이 찍힌다. 그것을 나무랄 수는 없다. 어떻게 일일이 남의 사정을 살피고 남의 마음을 생각하겠는가! 애인에게 선물 한번 주지 못하는 사람에 대해서도 항상 그 사정을 헤아려주기란 어렵다.

사람은 어느 정도 자기 행동에 책임을 질 수 있어야 한다. 남에게 신세를 졌다면 그것은 신세를 진 것뿐이다. 가난해서 어쩔 수 없었다고 말하면 안 된다. 남과 약속을 해놓고 자기한테 사정이 생겨서 그 사람을 오래 기다리게 했다면 이는 악행이다. 마침 아버지가 죽어서 약속을 지키지 못했다 하더라도 약속을 안 지킨 것이다.

평소에 약속을 안 지키는 사람은 흔히 핑계거리를 찾는다. 그는 약속을 안 지킬 뿐만 아니라 그런 운명까지 갖고 있는 사람인 것이다. 아무튼 나쁜 사람이다. 우리가 남의 잘못을 봤을 때 그 사람의 사정부터 생각하는가? 결코 그렇지 않다. 그럴 겨를이 없는 것이다. 내가 잘못을 저질렀을 때도 상대방은 그렇게 생각한다.

그리고 남의 작은 잘못은 잘 보면서 자기의 작은 잘못은 인식하지 못하는 법이다. 인간은 악을 규정할 때 남에게는 인색하고 자신에게는 너그러운 성향이 있다. 여기서 다루고 있는 것은 아주 작은 잘못임을 고려하기 바란다.

예를 들어 친구와 만났을 때 찻값 정도를 가볍게 보고 매번 남에게 떠넘기는 행위 같은 것이다. 찻값이 가벼우면 자기가 매번 내야 할 것이다. 그것은 자그마한 선행이다. 그 반대는 작든 크든 악행인 것이다. 어쩌다 한번 돈 안 낸 것을 이야기하는 게 아니다. 항상 그럴 경우를 말하는 것이다. 약속도 마찬가지다. 자기는 말이 더 많으면서도 남이 말 많다고 흉보는 것도 절대 선은 아니다.

이런 일 등을 생각해볼 때 우리는 긴긴 세월 동안 본능적으로 아주 많은 잘못을 저지르고 있는데, 그것은 사소한 것이라고 자기를 관대하게 용서하는 것 같다. 그런데 잘 생각해보면 사소하다고 해서 몰래 끊임없이 잘못을 저지르는 사람은 가끔씩 큰 잘못을 저지른 것이나 마찬가지다. 아니, 작은 잘못을 계속 저지르는 사람이 더 나쁘다.

아마 꿀도둑 이야기를 들어봤을 것이다. 어린아이가 몰래 숟가락으로 조금 훔쳐 먹는데 표시가 나지 않아 들키지 않는다. 그러나 계속하면 한 병을 다 먹게 된다. 이런 것을 한번에 병을 통째로 훔치는 것과 비교하면 무엇이 더 나쁠까? 또 만원을 한번 손해 끼치는 사람과 백원을 백번 손해 끼치는 사람 중 누가 더 나쁠까?

나쁜 짓의 크기가 중요한 것은 아니다. 그 횟수가 더 중요한 법이다. 그런데 우리 모두 이런 식으로 잘 살아가고 있다. 자기도 모르고 남도 모르는 사소한 죄를 지으면서. 비록 바늘도둑이지만 오래 계속하면 이미 소도둑이 되어 있는 것이다.

악인이란 별 게 아니다. 아주 특별한 경우가 아니면 사람은 큰 차이가 없다. 다만 사소한 몇 가지가 지속적으로 남에게 발견되면 나쁜 놈이 되는 것이다. 하지만 이를 탓하며 억울하다고 해서는 안 된다. 하늘은 아무리 작은 것도 다 보고 있으며, 우리의 영혼에는 먼지 같은 잘못도 쌓여가는 법이다. 사실 사람이 악인으로 변질되어가는 것은 큰 잘못 때문이 아니다. 자기도 모르는 사이에 자그마한 것이 쌓이면 큰 악인이 된다.

그리고 끔찍한 것은 자기가 악인인 줄 모른다는 것이다. 왜냐하면 자기는 너무 작아서 보이지 않는 잘못만 저질렀기 때문이다. 이는 자기를 속여 악인이 되어가는 것인데, 사람들은 태평하게 지내고 있다. 우리는 모르는 사이에 사소한 잘못을 너무 많이 저지르고 살아간다. 이것을 찾아내어 하나씩 고쳐 나가는 것이 가장 큰 수행 중 하나다.

옛 성인은 미세한 것, 보이지 않는 잘못을 경계하라고 가르쳤다. 우리가 목욕을 할 때 보이지 않는 작은 때를 씻어내지 않는가! 운명 청소도 이렇게 하는 것이다. 집안 청소도 그렇게 하지 않는가! 우리의 행실에 대해서도 작은 것에 더 조심해야 한다. 우리 모두는 보이지 않는 악인인 것이다.

운명의 창고

묵묵히 운명의 창고를 채워라

●　　　　　　　　지금 우리가 술을 너무 많이 마셨다
고 가정해보자. 이것 때문에 몸에 탈이 날 것이 분명하다면, 이는 몇 시간
후 일어날 운명을 저장한 것이다. 또 어떤 사람이 계속 사기 행각을 벌이
고 있다면 머지않아 나쁜 운명이 들이닥치려고 기다리고 있을 것인즉, 이
것도 운명을 저장한 것이다. 궁상맞은 짓을 했거나 재수 나쁜 짓을 하고서
운명을 기다리고 있다면 이 또한 운명의 창고에 차곡차곡 저장하고 있는
셈이다.

　운명의 재료가 쌓여가는 모습이 이와 같다. 그것이 언젠가 임계치에
이르면 화산이 분출하듯 마침내 운명이 출현하게 된다. 운명의 창고는 넓
고도 넓다. 그곳에 무엇이 쌓여 있는지는 그 누구도 알 수 없지만 기다리고

풍산점

있는 운명이 상당히 많다는 것은 분명하다. 어떤 운명은 머지않아 폭발하게 되어 있고, 어떤 운명은 서서히 그 언젠가 나타난다.

그런데 우리의 운명은 언제부터 창고에 쌓여 있는 것일까? 그것은 아주 오래되었다. 얼마나 오래되었을까? 10년? 20년? 그 정도가 아니다. 우리의 운명 속에 있는 재료는 100년, 1000년 또는 더 오래 전부터 쌓여 있다. 주역에 **풍산점(風山漸)** 이라는 괘상이 있는데, 이는 오랜 세월 조금씩 쌓여간다는 뜻으로, 먼지가 태산을 만들어간다는 의미다.

어떤 사람은 전생을 믿지 않지만, 영혼은 죽어서도 남아 있고 태어나기 전에도 존재했던 것이다. 그것은 영원히 활동해왔다. 그리고 그로 인해 운명의 재료는 얼마든지 쌓일 수 있었던 것이다.

그런데 어떤 사람은 나면서부터 장애인이고, 또 어떤 사람은 날 때부터 재벌집 자식이어서 수많은 재산을 상속받는다. 이는 우연일 수가 없다. 세상이 그토록 극단적으로 불평등할 수는 없는 법이다. 물질이라면 모를까, 영혼이 깃들어 있는 생명체, 그중에서도 인간처럼 수준이 높은 존재라면 우연보다는 필연, 즉 운명이 관여하는 바가 클 것이다.

여기서 생각해보자. 재벌과 우리 같은 평범한 서민은 너무도 큰 차이가 나지 않는가! 운명이 그토록 차이가 날 수 있단 말인가? 절대 그렇지 않다. 우리에게는 운명의 창고에 재벌이 될 재료가 쌓여 있을 테지만 약간 부족할 뿐이다. 그것은 그리 머지않은 날에 작용을 시작할 수 있다.

겉으로 보이는 차이 때문에 원인에 큰 차이가 있을 것이라고 실망하지 말자. 대학입시에서도 1점 차이 때문에 누구는 합격하고 누구는 떨어지지 않는가! 버스도 마찬가지다. 1초 차이로 탈 수도 있고 못 탈 수도 있다. 버스를 놓쳐서 고생하는 경우와 편안히 귀가하는 것은 결과적으로는 차이가 크지만, 그 원인은 큰 차이가 없다.

우리가 가진 돈 천만원과 부자가 가진 돈 천억원은 만 배의 차이가 나지만, 그 원인은 두 배 차이도 안 난다. 약간 부족하여 아직 때에 이르지 못했을 뿐이다. 사정이 이러하니 조금만 더 인내심을 가지고 운명 개발에 애쓰면 된다. 운명은 대개 갑작스럽게 다가오지 않는가! 그것은 실은 갑작스러운 것이 아니다. 그동안 흐르는 시간 속에서 기다리다 자기 차례가 와서 불쑥 나타나는 것처럼 보일 뿐이다.

공자가 천명을 두려워했던 것은 바로 운명 창고에 무엇이 들어 있는지 모르기 때문이었다. 우리가 알 수 있는 것은 고작 60년 남짓의 것들뿐이다. 즉, 이번 생의 일만 알고 있다. 하지만 영혼은 이번 생의 우리 몸보다 오래 살았고, 따라서 이번 생에 만들어진 운명보다 더 많은 운명을 간직하고 있는 법이다. 그래서 태어날 때 그토록 차이가 나는 것이다.

예를 들어, 누구는 나면서부터 왕이고 또 누구는 종으로 태어날지라도 그것은 영구적인 것도 아니고 큰 차이도 아니다. 원숭이와 사람은 유전자가 3% 정도밖에 차이가 안 나는데도 현실은 짐승과 사람이라는 무한대의 차이가 나타나는 것과도 같다.

요점은 이렇다. 운명의 창고는 무한대이므로 그 누구의 것이든 그 속에는 다양한 재료가 있고, 그것이 밖으로 나오는 것은 그리 어렵지 않다는 것이다. 우리가 자그마한 행실이라도 중시해야 하는 이유는 그 행실이 운명의 창고 속에 이미 쌓여 있는 것에 더해지기 때문이다. 혹시 알겠는가! 운명의 창고에 99%가 쌓여 있는데 1%가 모자라 운명으로 나타나지 못하는 경우가 있는지….

나는 어려서부터 대답을 잘하고 친절했으며, 남에게 베풀기를 좋아했고, 예의를 중시했으며, 너그럽고, 명랑했고, 약속을 잘 지켰고, 팁을 잘 주었으며, 화를 잘 안 냈고, 맞장구도 잘 치고, 존경했고, 사랑했으며, 의리를 지키고, 남을 잘 용서하고, 끊임없이 반성했고, 비겁한 짓을 안 했고, 주변 사람들과 잘 화합했으며, 잘 도와줬고, 스스로 강해졌으며, 남의 말을 잘 듣고, 외로운 사람의 친구가 되어줬으며, 항상 성인의 가르침을 따랐다….

오랜 세월 이렇게 지냈다면 운명의 창고에 상당히 많이 쌓이지 않았을까! 분명 나는 전생에도 이렇게 살았을 터인즉, 그 모든 것이 운명의 창고에 고스란히 남아 있지 않겠는가!

급할 것은 없다. 그저 묵묵히 운명의 창고를 채워 나가면 행운은 멀지 않은 법이다. 당장 결실이 없어도 좋은 짓을 계속 하면서 살아야 한다. 그것이 운명의 창고를 살찌우는 길이기 때문이다. 현실이 가난해도 운명마저 가난할 수는 없다. 공자는 주역의 괘상 건위천(乾爲天)을 설명하면서 이렇게 말했다. "군자는 스스로 강하게 하기를 쉬지 않는다[君子以自强不息]."

건위천

운명의 약은
무엇인가?

인격이 가장 강력한 약이다

● 　　　　나쁜 운명은 우리 몸의 질병과 같다
는 것은 앞서 여러 번 설명하였다. 그리고 운명이 병들게 되는 원인은 우리
의 버릇에 있다는 것도 확인했다. 그렇다면 오랫동안 나쁜 짓을 해와서 이
미 병들어버린 운명은 어떻게 해야 하는가? 이때는 당연히 그 버릇을 고쳐
야 한다.

　그러나 운명이 병든 지 오래되었는데도 단순히 버릇 하나 고친다고 다
해결되는가? 오래 전 병든 운명이 계속 진행되고 있는데 그 원인을 고친다
고 운명이 즉각 개선되겠느냐는 말이다. 담배를 오래 피워서 간암이 생겼
는데 담배를 끊는다고 해서 암이 바로 치료되느냐는 질문과 같은 뜻이다.

물론 암은 그대로 진행된다. 운명도 마찬가지다. 나쁜 행위가 지속되어서 생긴 운명이 그 행위를 고쳤다고 해서 원래대로 돌아가는 것은 결코 아니다. 나쁜 운명이 계속 이어져 우리를 불행하게 만들 것이다. 이를 어찌하면 좋단 말인가!

암을 치료하는 약이 있듯이 운명이 이미 잘못되었을 때 약은 없는가 말이다. 있다! 몸의 병에 약이 있듯이 운명의 병도 약이 있는 법이다. 그동안 우리는 운명이 병들지 않도록 예방을 위주로 생각해왔다. 그러나 이미 늦었을 때는 어떻게 할지 그 방법을 이야기하자. 어떤 약이 있는가?

우선은 반성이다. 이는 상처 소독 또는 확산 방지의 효과가 있다. 반성이란 잘못을 인정하고 다시는 그 짓을 하지 않겠다는 뜻인 바, 병의 원인을 계속 제공하지 않겠다는 의미다.

두 번째 약을 보자. 이는 운명의 병 때문에 고통받는 것에 대해 누구를 원망하지 말라는 것이다. 즉, 달게 받아야 한다는 뜻이다. 다른 말로 받을 만큼 받으라는 뜻이다. 이런 생각은 종종 기적을 일으킨다. 고통의 기간이 단축되는 것이다.

반성과 수용은 원인을 완전히 제거하는 방법이기 때문에 그것만으로도 종종 운명의 병이 사라지기도 한다. 물론 모든 병이 다 그런 것은 아니다. 좀더 강력한 약이 필요할 것이다. 그것은 무엇일까?

바로 인격이라는 것이다. 인격? 그렇다. 인격은 운명병에 특효약이다. 옛 성인이 인격을 찾아냈을 때 그 뜻은 사회가 병들어가는 것을 막기 위함이었다. 그러나 아울러 인격이 개인의 운명병도 치료할 수 있다는 것을 알았다. 그렇기 때문에 성인이 그토록 인격을 강조한 것이다. 어쨌든 인격을 닦으면 우리의 병든 운명이 고쳐진다니 애써 수행해야 할 것이다.

여기서 인격이 무슨 원리로 운명의 병을 치료하는지 다 밝힐 수는 없다. 단지 인간의 마음은 하늘과 맞닿아 있어서 마음이 하늘을 움직인다는 것이다. 지성이면 감천이란 말도 바로 이것이다. 이는 신비주의의 개념이므로 이 정도로 해두자. 단지 인격이 어떤 것이냐는 여기서 밝힐 수 있다.

첫째는 용기다. 이는 하늘의 덕으로 사람을 강하게 만든다. 여기서 강해진다는 것은 정신의 강함을 의미하는데, 도인들의 수행에서 제일의 목표다. 사람이 강해지면 운명의 병을 물리칠 힘이 생기는 법이다. 강한 의지는 능히 행운을 불러온다. 운명이 아주 나쁘게 된 사람도 결코 포기해서는 안 된다는 뜻도 이와 같다. 풀죽어 있거나 좌절하면 하늘도 도울 방법이 없다. 재앙을 당했을 때는 울고 주저앉는 것으로는 도움이 안 된다. 무조건 강해져야 한다.

인격의 두 번째는 무엇인가? 그것은 사랑[仁]이다. 사랑은 남을 용서하고 베푸는 것인데, 결국 자신을 용서받고 자신에게 베푸는 효과를 가져온다. 자기가 불행해졌다고 남에게 거칠게 대하면 안 된다. 인간에 대한 사랑은 그 어느 때도 잠시 놓을 수 없는 것이다.

사랑은 땅의 덕이다. 자기가 불쌍해졌으니 남에게 사랑을 받아 위로로 삼으라는 뜻이 아니다. 내가 비록 곤란해도 남에게 항상 너그럽게 대해야 한다는 뜻이다. 나쁜 운명을 맞이했다고 독하게 변해 공연한 사람에게 복수를 하면 안 된다. 이는 하늘에 대드는 것이니 더 큰 재앙을 맞이하게 될 것이다. 남을 사랑하면 자기의 병도 치료된다는 것을 명심해야 한다.

세 번째 인격은 지혜다. 잘못된 것을 깨달은 후에는 벗어날 방법을 끊임없이 연구해야 한다. 그것이 바로 지혜인 바, 살펴보면 방법이 있기 마련이다. 최선이 아니면 차선책을 강구해야 한다. 완전히 본전을 찾으려 급히 서둘지 마라. 천천히 하는 것이 오히려 지혜다. 우리 인생은 사실 태어난 자체부터 조금은 불행하다. 사는 게 얼마나 힘든가! 그러나 인생이 이런 것이므로 더욱 인격을 수행해야 한다. 인격자에게는 이웃이 있는 법이다. 그리고 그 이웃에는 하늘도 포함된다.

내 운명의 비타민

● 　　　　　　　우리 몸에 없어서 안 될 영양소 여섯
가지가 있는데, 이중에서 비타민에 대해 이야기해보자. 비타민은 누구나
알고 있는 것으로, 적은 양으로 큰 작용을 하는 약리적 물질이다. 한때 인
류는 의학을 발달시키고도 원인 모를 이상한 병증에 시달린 적이 있는데,
이를 해결한 것이 비타민이다. 오늘날 비타민은 아주 흔한 물질로 생각한
다. 그러나 막상 비타민이 결핍되었을 때는 큰 문제를 야기한다. 많이 필
요하지는 않지만 없으면 큰일나는 것이 비타민이다.

　　그런데 우리의 운명에도 이와 비슷한 요소가 있다. 운명은 영혼에서
비롯되는데, 이 영혼에 절대적으로 필요한 요소가 있다는 말이다. 이는 특
별한 어느 행동이 아니라 일반적으로 두루 필요한 덕목이다. 지금부터 하

나하나 따져보자.

첫 번째 것은 정서인데 흔히 감정, 감성이라고 불린다. 인간에게는 반드시 감정이 있어야 한다. 감정이 메마른 사람은 매사가 원만하지 않은데, 바로 감정이 정신활동을 전반적으로 조절하는 기능을 하기 때문이다. 어떠한 의미가 우리의 마음 속에 들어오면 그것에 최우선적으로 색깔이 입혀지는 바, 이것이 바로 감정이다. 주역의 팔괘로는 ☵(水)인데, 이 괘상은 휴식이나 감정 등을 나타낸다.

감정은 의미를 유도하는데, 긍정적 감정을 가진 사람은 내용이 좀 나빠도 그것을 좋게 생각하여 원만히 처리한다. 하지만 현재 분노의 감정을 가지고 있으면 무슨 일이든 이해를 하지 않고 화부터 내서 소통을 불가능하게 만든다. 감정은 이토록 선험적으로 정신생활에 관여하기 때문에 이것이 잘못되어 있으면 인생은 비뚤어진 방향으로 흘러가게 된다. 사실 모든 잘못된 행동은 잘못된 감정에서 비롯된다.

감정이 거의 없는 사람은 아예 그 자체로 위험한 인물이 된다. 사이코패스가 바로 그런 존재다. 영혼이 바르게 되려면 감정을 바르게 해야 한다. 운명이 병들었을 때도 고운 감정을 가지면 치료에 획기적인 도움이 된다. 아름다운 감정을 갖도록 애쓰면 그것이 좋은 운명을 도래하게 만드는 것이다.

두 번째 것은 침착이다. 침착은 도인들이 한평생 수양하는 덕목인데, 수준 높게 표현하면 평정(平靜)이라고 한다. 주역의 팔괘로는 ☱(澤)에 해당한다. 의사들은 몸에 큰 병이 났을 때 안정을 지시하는데, 이것이 바로 침착이고 평정이다.

무슨 일이 났을 때 과도하게 놀라는 것은 평정심이 부족하기 때문이다. 우리의 영혼은 원래 약간씩 요동치고 있는데, 이것을 바로잡지 않으면 불운의 연쇄작용을 일으킨다. 사고가 났을 때 우선 그것이 확산되는 것을 막아야 하지 않겠나! 장자에 이런 말이 나온다. "마음을 죽은 재처럼 만들수 있습니까[心固可使若死灰乎]?"

이는 감정을 튼튼하게 하라는 뜻이다. 민감해서는 안 된다는 의미다. 센스가 둔해져서는 안 될 일이지만, 감정은 고요한 가운데 은은히 일어나야 한다. 물론 나쁜 일을 당하고 있을 때 그래야 한다. 평정이 지나치면 반응을 잘 못하게 되는 경우도 있기 때문이다. 하지만 우리의 감정은 누구나 조금은 앞장서 있다. 이것을 평화롭게 간직해두어야 한다.

세 번째 요소는 인내심이다. 이는 팔괘의 덕 중 하나인 ☶(山)으로 표현된다. 이는 견디는 힘인데, 사람의 정신이 쉽게 부서져서는 안 될 일이다. 인내심이 약한 사람은 회복을 기다리지 못하고 과도한 고통을 느낌으로써 사건을 더 크게 만든다.

나는 이런 사람을 본 적이 있다. 병원에서의 일인데, 그 환자는 중학생 정도의 아이였다. 이 아이는 코피가 많이 나서 병원에 왔는데, 코에 솜을 막는 정도로 세상이 떠나가라는 듯 비명을 지르고 있었다. 별일 아닌데 약간의 불편을 못 견디는 것이었다. 이 아이는 가벼운 주사를 맞을 때도 악을 쓰고 있었다. 남자고, 어느 정도 철이 들었는데 이토록 인내심이 없다니! 점잖은 의사가 한마디 했다. "얘야, 너 이런 식이면 곤란해. 다 큰 남자애가 이러면 큰일난다구! 참을성을 좀 길러." 의사는 약간 화난 듯 보였다. 이 아이는 병원에 치료를 하기 위해 온 것이 아니라 별것 아닌 고통을 호소하기 위해 온 것 같았다. 악을 쓰면서 말이다.

삼국지에서 관운장은 명의 화타가 자신의 뼈를 긁어 독을 빼내고 있는데 태평하게 바둑을 두고 있었다고 한다. 또 언젠가 뉴스에서 본 미국의 어떤 젊은 장교는 두 손이 폭발로 날아갔는데 놀라지도 않고 태평히 상황을 설명하고 있었다. 인내심이 너무도 강한 이 남자를 보고 정신과 의사들도 놀랐을 지경이었다.

위기 상황에서 고통을 참지 못하고 악을 쓰게 되면 더 깊은 수렁으로 빠져드는 법이다. 인내는 이미 찾아온 고통을 억제하고 다른 고통이 나타날 것을 방비하는 능력이다. 인내심이 없는 자는 작은 고통에도 쉽게 무너져 내일의 희망을 말살시킨다.

영혼의 네 번째 필수요소는 유연성이다. 상황이 닥쳤을 때 외골수로 대처하지 말고 여유를 가지라는 뜻이다. 한곳에 머물지 말고 이리저리 마음을 이동시켜보라는 의미다. 이완(弛緩)이란 말이 있는데, 이것은 마음을 부드럽게 해야만 가능하다. 세상만사는 여러 가지 길이 있으니 폭넓게 여유를 가지고 생각해야 한다.

다급한 사람은 부드러움이 없다. 부드러움은 만사를 포용하는 능력이다. 나쁜 운명이 왔을 때도 그것의 당위성을 인정하고 반성을 하는 등 마음을 편안히 조절하는 것이다. 일상생활에서 사람을 대할 때도 부드러운 사

244

람은 긴장을 풀어주고 협력을 증진시킨다.

이는 팔괘의 ☴(風)에 해당하는데, 분노를 삭이는 기능도 한다. 이것이 없어서 항상 짜증을 내는 사람은 운명도 그럴 일만 생기는 법이다. 부드러움은 외교에 필수적인 바, 어머니의 부드러움 때문에 자식의 날카로움도 온화하게 다스려진다. 철들었다는 말은 부드러워졌다는 것과 다르지 않다. 성인의 스승인 강태공의 병법서 『육도삼략(六韜三略)』에는 다음과 같은 구절이 있다. "부드러움은 능히 강함을 이긴다[柔能制剛]."

나이가 들면 우리의 몸은 부드러움을 상실한다. 운명의 가혹함을 맞이해서도 부드러움을 간직한다면 시련에서 치유될 수 있는 법이다. 노자는 이렇게 말했다. "딱딱한 물고기가 물을 벗어날 수 없음은 물의 부드러움 때문이다[柔弱勝剛 魚不可脫於淵]." 부드러운 자는 만인을 포용할 수 있으므로 많은 사람이 그를 따른다.

다섯 번째 요소를 보자. 그것은 행동력이다. 가만히 앉아서 생각만 하는 자는 성취하는 바가 없을 것이다. 대자연의 작용은 실행됨으로써 역사를 이룩할 수 있으며, 역사로써만이 목표를 이룰 수 있다. 사랑에 있어서도 말로만 또는 생각만 있으면 행복은 존재할 수 없다. 실제적 표현, 예컨대 선물을 한다거나 몸으로 무엇인가를 실행하지 않으면 사랑은 거짓이 되어버린다.

인생은 실질을 갖추어야 한다. 난관에 부닥쳐도 그것을 돌파할 실행력이 있어야 한다. 실행은 괘상으로 ☳(雷)인데, 이는 몸의 움직임을 말한다. 인생이란 몸의 역사이지 생각의 역사가 아니다. 아무리 좋은 생각이라도 그것이 현실로 옮겨지지 않으면 의미가 없다.

불행에 빠진 사람을 보면 평소 나태했기 때문에 그렇게 된 경우가 많다. 부지런한 사람은 행운이 많은 법이다. 게으른 사람은 친구도 없고 하늘도 그에게 상을 주지 않는다. 근면이란 애써 행동하는 것을 말하는데, 이는 실제로 운명을 개척하는 데 충분조건이 된다. 아무리 좋은 조건을 갖추었어도 행동이 없으면 완성될 수 없다.

강태공은 도가 폐지되는 세 가지를 말하면서 그중 '선을 보고 게으른 것[見善而怠]'을 첫째로 꼽은 바 있다. 행동은 무엇인가를 변화시키는 법이다. 가만히 앉아서 세상만 바라보고 있으면 나중에는 재앙이 찾아올 뿐이다.

마지막으로 여섯 번째 항목을 보자. 이것은 바로 지혜인데, 사람은 행동에 지혜가 없으면 눈을 감고 길을 가는 것과 같다. 지혜는 철학의 목표이기도 한데, 인격을 수양하는 데에도 지혜는 필수적이다. 어리석은 자가 설치는 것은 소경이 몽둥이를 휘두르는 것과 같아서 반드시 누군가를 해치게 된다.

정치에서도 어리석은 자는 백성을 도탄에 빠뜨린다. 의사가 어리석으면 사람을 잡는다. 인류가 어리석었다면 일찍이 만물의 영장으로 진화하지 못했을 것이다. 어리석은 자는 자청해서 불운의 구덩이로 찾아간다. 또한 그곳에 이르러서도 헤어나지 못하고 더욱 깊게 파멸로 갈 뿐이다.

지혜는 어떻게 행동해야 하는지를 가르쳐준다. 난관에 봉착했을 때 헤어나는 법도 지혜로부터 시작된다. 이는 팔괘의 ☲(火)에 해당하는 바, 사물의 구조를 밝혀주는 힘이다. 인생도 지혜로운 설계가 아니면 세월을 낭비하면서 엉뚱한 곳으로 가게 된다. 많은 불행은 어리석음이 축적되어 일어나는 바, 현재 어리석은 자는 절대로 해서는 안 될 짓을 하면서 운명이 불행해지는 날을 기다리고 있을 것이다.

총명은 빛과 같은 것이다. 나 자신은 물론이고 세상도 밝게 해준다. 불행은 어두운 곳에서 서서히 찾아오는 법이다. 총명의 빛은 불행을 미리 발견할 수 있게 해준다.

누구를위한
인생인가?

●   나의 친지 중에 P라는 젊은 사람이 있다. 그는 몇 년 전 결혼했는데, 좋은 일이지만 문제가 좀 생겼다. 결혼 직후 바깥의 인간관계를 완전히 단절한 것이다. 가족 외에 사람을 만나는 일은 시간이 없어서 유지하기가 힘들다는 이유였다. 취미생활도 다 걷어치웠는데, 이 또한 시간이 없어서였다.

수지비

                        대신 P는 있는 시간 모두를 아내와 함께 지내면서 자식을 돌보는 데 쓴다. 이 사람의 인생은 이것 외에는 존재하지 않는다. 오로지 혈연뿐이다. 주역의 괘상으로는 **수지비(水地比)**에 해당하는 바, 이 괘상은 본능의 구조를 설명하고 있다. 오로지 아래로 향하는 것, 이뿐이다.

인류가 세상에 태어난 이유는 오로지 자식만을 위해서인가? 그렇다면 그 자식도 자기 자식을 위해서만 존재할 것이다. 물론 그 자식의 자식도 마찬가지다. 번식이 생명체의 기능 중 중요한 요소임은 틀림없다. 지상에 존재하는 벌레, 동물, 세균까지도 열심히 번식을 하며 살아간다. 인간 외의 생물체는 사실 번식 외에는 살아가는 큰 뜻이 없다. 생물은 생물을 만들기 위해 존재하는 것이다.

　다만 인간도 오로지 이와 같다면 만물의 영장이라 한들 벌레와 무엇이 다르겠는가! 인간은 분명 동물 이상의 뜻이 있어야만 할 것이다. 번식도 좋지만 하나의 주체로서 의미 있는 인생을 살아가야 하지 않을까! 번식은 삶의 일부일 수는 있어도 전부는 될 수 없다.

세상에선 자식 없는 사람도 얼마든지 찾아볼 수 있다. 그 사람들은 살아갈 가치가 없는가? 결코 그렇지 않으리라. 인생이란 그 자체로 무엇인가 뜻이 있어야만 가치가 있다. 여기서 무슨 철학을 논하자는 것이 결코 아니다. 단지 자손을 번식시키는 것만을 인생의 보람으로 삼아서는 안 된다는 것을 말하고 싶을 뿐이다.

　그렇다면 인생은 무엇이어야 하는가? 어렵게 생각할 것이 없다. 바로 그 인생을 사는 주체로서의 삶도 있어야 한다는 것이다. 철학을 하든 종교에 심취하든 친구를 사귀든 취미생활을 하든 그 자신의 세계가 있어야 한다고 강조할 뿐이다.

이참에 이야기할 것이 있다. 주역에서 인생은 세 가지 요소가 필요하다. 이른바 천지인(天地人) 삼재(三才)다.

이중에서 지(地)는 부모, 형제, 처자 등을 이야기하는 것으로 본능도 다 여기에 포함된다.

다음으로는 천(天)이 있는 바, 이는 신앙을 갖는다거나 도를 닦는다거나 인격을 닦는다거나 스승을 받든다거나 인류를 위해 공헌한다거나 등 소위 말하는 거룩한 행위를 말한다. 인생에는 반드시 이것이 있어야 한다. 공자가 말한 군자상달(君子上達)이 바로 이를 뜻한다.

인생에는 또다른 요소가 있다. 그것은 인(人)으로 표현하는데, 자기 자신을 뜻한다. 아내도 자식도 아닌 자기의 삶을 의미한다. 오로지 자식을 위해 인생을 다 희생했다는 것은 본능일 수는 있어도 위대한 삶이라고 말할 수는 없는 것이다. 자식 입장에서도 부모가 오로지 자기를 위해 인생을 다 희생했을 뿐 다른 것이 전혀 없었다면 고맙기는 해도 허무할 것이다. 인생이 얼마나 고귀한 것인데 고작 번식에 다 바쳐야 한단 말인가! 곰곰이 생각해볼 일이다.

그런데 세상은 참으로 어처구니가 없다. 내가 아는 수많은 사람들 중 99.9999%가 다 똑같았다. 자식 말고는 따로 인생이 없는 것이다. 그들은 점점 친구도 없어지고 철학도 없어지고 오로지 자식이다. 사회에 나가 열심히 일한다지만 짐승이 새끼를 위해 먹잇감을 찾으러 다니는 것과 전혀 다르지 않다. 삶이란 위대하거나 조금이나마 가치가 있어야 할 텐데 말이다.

자식 없는 사람은 고아라도 데려다 길러야만 인생에 의미가 있는 것일까? 결코 그렇지 않다. 번식은 미래를 위한 귀중한 투자일 수는 있다. 하지만 현재 살아가는 의미가 완전히 말살되어버렸다면 미래인들 또 무슨 의미가 있겠는가! 미래도 결국 현재가 될 뿐이다.

삶의 방식도 그렇다. 오늘 그 자체가 오로지 미래를 위해서만 있다면 모두 다 자살하는 게 편하다. 애써 살아봐야 죽음에 이르는 것이 아닌가! 삶이란 현재가 이어가는 것이지, 미래만을 위해 현재가 바쳐지는 것은 아니다.

그 무엇보다도 인생에서는 자기의 가치와 의미 등을 발견해야 한다. 잠시 자식 문제를 떠나 자신의 삶을 되돌아보고 앞으로의 삶의 방향을 정하는 것은 절대적으로 바람직하다. 아무 할 일이 없으면 책이라도 읽어야 하며, 주변에 있는 선각자라도 찾아봐야 한다. 공자 같은 성인도 인생의 의미를 번식에 두지 않았다. 그는 아침에 도를 들으면 저녁에 죽어도 좋다고 말했던 바, 위대한 사람에게는 번식 외에 다른 무엇이 있다.

그런데 더 우스운 일이 있다. 어떤 사람들은 고작 번식 외에 할 일이 전혀 없는데도 자부심을 갖고 산다는 것이다. 이는 자기도취 중에서도 아주 심한 것이다. 인생의 의미는 하늘처럼 넓고도 넓다. 인생에 나서 더 가치 있는 일을 발견해야 하며, 자그마한 일에 지나치게 만족해서는 안 된다.

천화동인

주역에 **천화동인**(天火同人)이라는 괘상이 있다. 위대함을 위해 나아간다는 뜻인 바, 우리의 인생은 그래야 한다.

크게 살 것인가?
작게 살 것인가?

●   검소하다는 말이 있다. 사실 이는 적당히 소비하면서 소박하게 살아가고 있다는 뜻이다. 형편이 좋지 않으면 검소하게 살 수밖에 없을 것이다. 빚을 내서 허영을 부리지 않는다면 검소하다는 것은 운명이지 선택이 아니다.

    나는 K가 자식에게 큰 욕심 내지 말고 소시민으로 살아가라고 가르치는 것을 본 적이 있다. 이는 맞는 말일까? 큰 욕심을 내지 말라는 말은 맞다. 하지만 기회가 닿는다면 큰 욕심도 부려야 한다. 소시민으로 살아간다는 것은 어쩔 수 없을 때에나 하는 말이고, 소시민이라도 그 속에서 만족을 찾으라는 말일 뿐이다.

자공(子貢)이 공자에게 물었다. "가난하면서도 아첨하지 않고 부자이면서도 오만하지 않다면 이는 어떻습니까[貧而無諂 富而無驕 何如]?"

공자는 답했다. "그렇게 사는 것은 가상하다. 하지만 가난하면서도 그 속에서 만족을 찾을 수 있고 부자이면서도 학문을 좋아하는 사람보다는 못하다[可也 未若貧而樂 富而好禮者也]."

공자의 가르침은 풍족해도 더 높은 곳으로 나아가라는 뜻이고, 가난해도 좌절하지 말라는 것이다. 일부러 소심하게 살 필요는 없는 법이다.

주역의 괘상에 뇌산소과(雷山小過)가 있는데, 이는 새가 겨우 언덕에 오를 뿐 날지 못함을 나타낸다. 이 괘상은 위축되고 짓밟힌다는 뜻도 있고, 깨진다는 뜻도 있다. 소심한 자의 모습을 담고 있는 것이다.

조선시대에 머슴 제도가 있었는데, 머슴은 평생 머슴으로 살며 큰 포부는 가당치 않았다. 머슴 제도가 없어진 후에도 상놈 양반이 있어서 상놈은 인생의 날개를 펼 수 없었다. 지금은 자유로운 세상 아닌가! 어째서 쩔쩔 매며 궁상을 떨어야 하는가? 어깨를 활짝 펴라. 날아보려 애를 써라. 그래야 행운이 오든지 날개가 생기든지 할 것 아닌가!

어째서 인간이 큰 인물이 되어서는 안 되는가! 자식에게 이 다음에 커서 소시민이 되라고 가르칠 것인가! 조물주가 인류에게 위대해지지 말라고 당부해야 할 것인가! 이 모든 것이 가당치 않다. 만물의 영장인 인간은 마음껏 포부를 펼치도록 이 세상에 태어났다. 허영과 허망한 꿈은 운명을 망치고 세월을 낭비한다. 하지만 분수에 맞는 생활과 가능성 있는 포부는 얼마든지 키워야 한다.

인생은 크게 살아야 한다. 그래서 쩨쩨하면 못 쓴다. 마치 이 돈을 쓰고 나면 다시는 돈이 생기지 않을 것처럼 지나치게 아끼는 것도 나쁜 짓이다. 이는 자기 인생이 크게 발전하지 않는다고 단정하는 것과 마찬가지다. 사람은 어느 정도 자기의 운명을 믿어야 한다. 너무 큰 희망만 아니라면 희망을 품고 살아가는 것이 운명에 도움이 된다.

먼 옛날 날아다니는 동물이 없었을 시절, 땅을 기어다니던 어떤 동물이 하늘을 바라보며 날기를 희망했다. 그렇게 세월이 지나던 중 지상에는 새가 나타났다. 큰 포부가 실현된 것이다. 이는 희망을 바탕으로 해서 이루어진 결과와 다르지 않다.

어떤 사람은 아예 포부랄 것이 없다. '살다보면 되겠지', '아니면 말고' 식인데 이런 사람에게 좋은 운명이 찾아오기란 여간 힘들지 않다. 희망을 품는 것은 천지신명께 소망을 비는 뜻도 있어서 하늘도 이를 외면하지 않는다. 간절한 소망은 이루어지는 법이다. 물론 그 희망이 이루어질 수 있도록 조금씩이나마 접근해가면 더 좋다.

당치 않은 계획을 세우라는 뜻이 아니다. 자그마한 가능성이라도 염두에 두고 평소에 실천하면 된다. 야망이란 결코 나쁜 것이 아니다. 음흉한 계획이 나쁠 뿐이지, 정당한 그리고 웬만한 포부는 모두 바람직한 것이다. 뜻이 있는 곳에 길이 있다고 하지 않았는가. 꿈을 품고 살아가는 것 자체가 밝은 인생이다.

인생은 미래가 별 볼일 없다고 미리 단정하고 살아서는 안 된다. 어떻게 하든 길을 발견하려고 애써야 한다. 운명을 좋게 하려는 노력과 실천이 무엇보다도 우선해야겠지만, 행복한 날을 자주 상상해보는 것은 이모저모로 큰 도움이 된다.

크게 살기 위해서는 어떻게 해야 하는가? 우선 대범한 마음을 갖추어야 한다. 큰 그릇에 큰 사건이 생기는 법이다. 주변에 위대한 사람이 있으면 그의 곁에 있을 기회를 자주 만드는 것도 하나의 방법이다. 혼자 상상만 하고 있으면 쩨쩨해지는 법이다. 이를 두고 '우물 안 개구리'라고 하거니와 사람은 한도 끝도 없이 견문을 넓혀가야 한다.

크게 산다는 것은 견문을 넓히고 거기서 길을 발견하는 데서 시작된다. 폭넓게 산다는 것이 바로 이것인데, 그래야만 그만한 운명이 오는 법이다. 여기에 한 가지 방법이 있다. 따뜻하고 편안한 곳에만 있지 말고 바람 불고 불편한 곳에 자주 나가보는 것이다. 넓은 바다나 벌판을 바라보는 것도 좋다. 이것은 쩨쩨함을 털어내고 대범해지는 방법이다. 먼 하늘을 바라보며 가슴을 크게 열어보라.

닥쳐올 운명의
설계도를 그려라

●   거의 모든 사람들이 미래를 꿈꾸며
살아간다. 그러나 그 미래가 기대했던 대로 실현되는 경우는 많지 않다.
그래서 또 미래를 꿈꾸면서 살아간다. 내가 알던 어떤 사람은 84세였는데,
항상 이야기하는 것이 미래였다. '앞으로 내가 잘되면…' 이런 식인데, 이
분은 바로 그해에 세상을 떠났다.

사람은 하루 앞날을 모르고 살아가며, 더더구나 자기가 죽을 날은 전
혀 모르고 살아간다. 미래를 모른다는 것이 어쩌면 다행인지도 모른다. 이
로써 계속 행복한 날을 꿈꾸며 살아가는지도 모른다. 안다고 다 좋은 것은
아닌가 보다. 하지만 앞날은 조금이나마 알아야 하는 것, 그것은 나쁜 미
래를 고치고자 하기 때문이다. 그냥 이대로 시간이 흘러 나쁜 미래가 온다

면 누구나 미리 고치고 싶을 것이다. 다만 방법이 문제다.

잠깐, 여기서 먼저 할 이야기가 있다. 사람들은 나쁜 미래든 좋은 미래든 아예 알 길이 없다. 보통은 '잘될거야', '분명 지금보다는 나아질 거야' 등 희망을 갖고 산다. 희망은 좋다. 하지만 공연한 희망 때문에 미래를 꼼꼼히 설계하지 못하는 게 문제다.

그렇기 때문에 앞날이 나빠질 것이라는 전제 아래 그것을 고치자는 게 아니라, 무엇이든 나빠질지도 모르는 미래를 고치자는 것이다. 물론 미래가 좋다면 더 좋은 미래를 만들고자 하면 되지 않겠는가! 어떤 사람은 현재 아주 잘나가고 있기 때문에 이대로 지속되기를 바랄 수도 있다.

어쨌든 좋다. 미래가 지금보다 나아지는 방법을 생각해보자. 여기 어떤 사람이 있다. 아주 어리지도 않고 아주 나이 많지도 않은 사람이다. 이 사람은 어떤 마음을 품고 어떤 행동을 하면서 살아가야 하는가? 나는 주역전문가 또는 운명전문가로서 이에 답하고자 한다. 과연 이 사람은 가장 먼저 어떤 사람이 되어야 하는가?

사람이 제일 먼저 유의해야 할 것은 속물(俗物)이 되어서는 안 된다는 것이다. 속물? 이것이 무슨 뜻일까? 누가 속물이란 말인가? 속물이란 것에 대해 잠깐 이야기하자. 우리는 어떤 존재인가? 지나치게 본능적이지 않은가? 말하자면 속물은 누구나처럼 뻔한 생각, 뻔한 행동을 하면서 살아간다는 의미다.

어린 날의 생각이 어떻든 간에 대부분의 사람은 학교를 졸업한 뒤 직장을 다니면서 길고 긴 세월을 보낸다. 그곳에서 평생을 탈 없이 지내고 말년을 맞이하는 사람도 있을 것이고, 도중에 변화가 생겨 새로운 일터를 찾아야 하는 사람도 있을 것이다. 인생은 대개 이렇다. 그렇기 때문에 특별한 생각을 하며 지내는 사람은 많지 않다.

어떤 사람은 나는 특별한 생각을 하며 살아간다고 믿기도 하겠지만, 실상은 누구나 하는 생각을 자기도 할 뿐이다. 사람은 생존경쟁에서 이기기 위해 무엇인가를 만들어가면서, 또 손해보지 않으려 애쓰며 살아간다.

지금 내가 이야기하는 것이 바로 이것이다. 누구나와 같은 생각, 그리고 아주 통속적인 생각을 하며 살아가는 사람이 속물이다. 물론 좀더 자세히 말하면 속물은 천하고 이익에 밝은 사람이다. 그 외에 여자를 밝힌다든지, 얌체짓을 한다든지, 체면 없이 행동한다든지, 뻔한 행동을 하는 사람을 일컫는다.

누구나 속물이 어떤 사람인지는 잘 알고 있을 것이다. 어떤 사람에 대해 제법 괜찮은 사람인 줄 알았다거나 무엇인가 색다른 사람인 줄 알았는데 실상을 파고들어가 봤더니 뻔하게 남과 별반 다를 것이 없다면 우리는 이렇게 말한다. '속물이구먼!' 이는 실망을 크게 표현한 것이다.

그런데 정작 우리 자신은 어떤 사람일까? 남보다 다른 그 무엇이 있는가? 속물이 아니냔 말이다. 어쩌면 자신이 속물인지 아닌지를 한번도 생각해본 적이 없을지도 모른다. 깊게 생각해볼 것 없이 그런 사람이 바로 속물이다. 이것이 문제다. 현재 속물이면 미래도 그런 사람이 될 가능성이 아주 많다. 뻔한 생각, 뻔한 행동, 그래서 뻔한 미래가 기다리고 있는 사람,

258

이런 사람이 모두 속물이다.

지화명이

속물은 주역의 괘상으로는 **지화명이(地火明夷)**인데, 밝음의 침몰, 뻔한 앞날, 그리고 전진이 안 된다는 뜻이다. 미래를 고치려 한다면 속물에서 벗어나야 한다. 다시 속물이 될지언정. 이러한 행위가 바로 원대한 인생을 설계하는 것이다. 이것은 인생의 분위기를 고침으로써 귀한 운명이 유도되는 중요한 원리다.

운명은 큰 틀이 정해진 후 세세한 것이 정해진다. 틀이란 바깥 테두리인데, 밖에서 보면 그 안으로 들어가야 하는 경계선을 말한다. 속물을 벗어나는 것은 바로 귀인의 반열에 오르는 것이 아닐 수 없다. 미래가 잘되기 위해 구체적으로 이러저러한 행동을 하는 것은 나쁘지 않다. 하지만 큰 틀에서 빠져 나오지 않는다면 뻔한 운명을 맞이하게 될 것이다. 큰 틀은 물론 속물이냐 아니냐를 말한다. 이것은 가장 큰 테두리다.

구체적으로 속물이 안 되려면 어떻게 해야 하는가? 그것은 누구나 다 알고 있어서 굳이 논할 필요가 없다. 주변을 둘러보라. 잘나가는 사람을 보면 무엇인가 다르다. 그들이 궁색한 모습을 보이며 이익에 허겁지겁달려드는가! 지옥이 따로 없다. 속물의 세계에 있으면 그곳이 바로 지옥이다. 속물로 살아간다면 이는 창피한 인생일 수밖에 없다. 그로써 귀한 미래는 없는 법이다.

새로운 운명의
땅을 찾는 법

익숙한 것을 좋아하지 말라

운명을 고착시키지 말라

●   에스키모인들은 먼 옛날 조상 때부터 그곳에 정착해 살아왔다. 지구상의 거의 모든 민족이 그렇게 살고 있다. 그렇긴 해도 행복의 땅을 더 찾지 않고 그토록 험한 환경에 정착한 에스키모인들이 참으로 이상하게 생각된다.

아프리카의 경우는 지금은 비록 몹시 가난하지만 그 땅 자체가 문제가 있는 것은 아니다. 그 사람들이 좀더 교육을 받거나 부지런해진다면 결국에 가서 아프리카는 일어설 것이다. 그러나 에스키모의 땅은 좀 다르다. 거기서 사람이 아무리 변화한다 해도 땅의 한계가 존재한다. 영원히 그 범위를 넘지는 못할 것이다. 아니, 영원히라고 말하면 안 될지도 모른다. 그저 좀처럼, 또는 오랜 세월 정도라고 해두자. 미국 땅 같은 곳이라면 발전하기가 훨씬 쉽다고 말하고 싶을 뿐이다.

우리의 운명은 어떨까? 현실세계에 있는 땅의 장래와 크게 다를 수는 없다. 운명이란 것도 차원이 다를 뿐 역시 보이지 않는 하나의 세계다. 그래서 운명의 땅은 특유의 미래를 가지고 있다. 어떤 운명의 땅은 보다 유리할 수 있다는 뜻이다.

　개인적으로는 에스키모인들이 먼 과거에 그곳을 떠나 더 나은 곳에 정착했더라면 좋았을 거라고 생각한다. 하지만 민족의 땅은 유불리를 떠나서 숙명적인 그 어떤 것이 있는 듯하다. 조상이 살다가 물려준 땅을 쉽게 떠나는 것은 행복을 가꾸는 그 이상의 뜻이 있지 않을까! 얼마든지 그럴 수 있을 것이다.

　하지만 운명의 경우는 그 세계를 굳이 지켜갈 필요는 없을 것 같다. 나쁜 운명을 일부러 지킬 필요는 없다는 뜻이다. 운명을 달게 받는다는 것과도 아주 다르다. 운명을 감수하는 것은 하늘로부터 벌 받을 것은 받고 그 기한이 다 되면 떠나고자 하는 것이다. 인류의 먼 조상들이 보다 더 좋은 곳을 찾아 온갖 고생을 하면서 지구의 곳곳을 찾아 헤맨 것처럼, 현재 우리들의 운명도 항상 더 좋은 곳으로 이주해야 한다.

이는 깊게 들어가면 철학적 문제와 마주치게 된다. 하지만 그저 단순히 생각하자. 지금의 운명에서 더 좋은 곳으로 가기 위해서 노력하는 일은 조금도 망설일 필요가 없다. 어디론가 가야 한다.

　어디로? 그것을 생각하자. 방법은 무엇인가? 새로운 곳으로 가는 방

손위풍

법 말이다. 그것은 아주 쉽다. 지금 이곳이 아닌 곳으로, 새로운 곳으로 가면 된다. 특별한 방향이 따로 없다. 이리저리 가보면 된다. 구체적으로 말하면 안 하던 짓을 해봐야 한다는 것이다.

안 만나던 사람도 만나보고 책도 많이 읽어야 한다. 한마디로 크게 견문을 넓혀야 한다. 그중에서도 우선적으로 새로운 사람과 교류를 넓히고 새로운 세계와 접해야 한다. 남에게 많은 이야기도 들어보고 여행을 다녀도 좋다. 끊임없이 새로움과 접하고 자기를 변화시키는 것이다.

이는 마치 새로운 세계를 찾아다니는 민족의 이동과도 같다. 주역의 괘상으로 **손위풍(巽爲風)**에 해당하는데, 이 괘상은 하늘의 기운이 땅으로 내려와 쓰일 곳을 찾는다는 뜻도 있고, 넓은 세계를 두루 탐방한다는 의미도 있다. 세계 민족의 역사를 보면 온 세상을 헤집고 다니면서 지배 영역을 넓히거나 신세계를 찾아나섰던 유럽인과도 같다.

우리의 인생도 끊임없이 새로운 운명의 땅을 찾아 나서면서 넓은 세계를 포용해야 한다. 날이면 날마다 새로워지라는 옛 성인의 간곡한 가르침이 바로 이것이다.

우물 안의 개구리는 드넓은 바다를 모르고 평생을 살아간다. 우리 인생도 실은 이와 다르지 않다. 나는 많은 책을 읽었고, 많은 사람도 만나봐서 내 자신이 제법 넓은 줄 알고 살아왔는데, 밖에 나가보니 나는 우물 안 개구리, 아니 올챙이에 지나지 않다는 것을 알게 되었다. 이를 고치려 나는 젊지도 않은 나이에 견문을 더 넓히고자 무던히 애쓰고 있다.

우리가 새로운 세계를 직접적이든 간접적이든 많이많이 접할수록 운명은 새로워지는 법이다. 무조건 새로운 것을 해보는 것도 좋은 방법이다. 취미도 개발해보고, 음식도 바꿔보고, 노래 취향도 바꿔보고, 안 쓰던 유식한 말도 많이 써보고, 깍쟁이짓도 바꿔보고, 잘났다는 생각도 지워보는 등 엉뚱한 짓을 해봐야 한다.

많이 걸어다니는 것, 즉 산책은 아주 좋다. 어떤 특별한 사람의 강의를 들어보면 더욱 좋다. 옷도 바꾸고, 여자라면 화장도 바꾸고, 안 해보던 곳에 전화도 한번 해보고, 혼자 여행도 해보라. 할 수 있는 새로운 것은 애써 해보는 것이다.

이 모든 행위는 영토를 넓히거나 새로운 정착지를 찾아 탐험하는 것이다. 밥 한 끼 다르게 먹어도 그것이 곧 인생 탐험이다. 자기의 성향을 고착시키는 것은 운명을 고착시키는 것이니 앉아 있는 곳에서 떠나 먼 곳에 가봐야 한다. 익숙한 것을 좋아하지 말라. 항상 낯선 곳에 도전해야 한다. 새로운 짓을 하면 운명도 반드시 새로워지는 법이다.

운명 개척의
타이밍

●   성장인가? 유지인가? 이는 국가경제
에서 아주 중요한 문제다. 경제가 성장하면 일자리가 늘어나고 경기도 활
성화되어 당연히 좋은 일이다. 하지만 오로지 성장만 앞세우다가는 문제가
생길 수 있다. 상황이 바뀌면 성장은 언제든지 멈춰버릴 수 있고, 이미 몸
집이 불어나버린 산업을 주체할 수 없을 수도 있다. 그래서 안정이 반드시
필요하다. 마라톤선수가 분위기에 휩쓸려 속도를 높이다가 페이스를 잃게
되는 경우와 마찬가지다. 서두른다고 해서 좋기만 하란 법은 없다. 매사에
는 적당한 속도 조절이 필요하다.

우리의 인생도 이와 다르지 않다. 공연히 현실에 불만만 키우다가는 발
전은커녕 그나마 지금의 현실도 유지하지 못하게 될 것이다. 물론 현실에

264

만족한 나머지 미래 발전을 꿈꾸지 않는다면 무력한 인간이 아닐 수 없다.

인간은 세상에 나서 조금이라도 더 발전하려고 애써야 하며, 운명이란 것도 항상 새로움으로 나아가야 하는 것이니, 이것이 생명의 본질이다. 목석처럼 언제나 뻔한 모습으로 살아간다면 시간만 낭비하는 것이고 인생에 아무런 재미가 없다. 한마디로 죽은 인생인 것이다. 물론 발전도 좋지만 현실 유지가 꼭 필요하다. 다만, 지나치게 현실에 매달리지 말라는 뜻이다.

현실은 발전을 위한 디딤돌이 될지언정 영원히 정착할 곳은 아니다. 만약 여러분이 현재 재벌이고 왕이고 또는 건강하고 잘났다면 현실 유지만으로도 충분히 좋은 인생일 것이다. 그러나 그냥 보통사람이라면 발전을 꿈꾸며 살아가야 하지 않겠는가.

여기서 발전이란 운명 개척을 의미한다. 주어진 대로 살아서는 안 된다는 뜻이다. 하루를 살면 하루가 발전해야 하고, 1년을 살면 1년이 발전해야 한다. 운명이란 애쓰는 사람에게 찾아오는 법이다. 태평하게 나무 아래서 열매가 떨어지기만 기다려서는 될 일이 하나도 없다.

여기서 생각해보자. 현실 유지란 지금에 어느 정도 만족하며 살아가는 것, 분수를 지키는 것이다. 물론 맞는 말이다. 하지만 그저 현실에 안주하는 것은 분수를 지키는 것이 아니다. 의지박약일 뿐이다. 그렇다면 언제 어떻게 운명 개척에 나서야 하는가?

섣불리 개척이니 뭐니 나서다가는 현실마저 무너지지 않을까 두렵다고? 좋다. 신중함은 반드시 필요하다. 하지만 신중함이 지나치면 용기가 없음이다. 다음에, 생각해봐서, 언젠가는…. 이런 말은 용기 없고 게으른 사람의 변명일 뿐이다. 그러다가는 어느새 늙어서 죽을 날이 눈앞에 닥칠 것이다. 도대체 나설 때는 언제인가?

첫째, 나쁜 일이 계속될 때이다. 이럴 때는 '언젠가 좋아지겠지' 하고 기다려서는 안 된다. 변화를 열심히 추구해야 한다. 이사를 가든, 친구와 헤어지든, 새로운 일을 찾든, 공부를 하든, 널리 정보를 탐색하든, 새로움으로 나아가야 한다.

둘째, 평화가 오래 지속될 때이다. 이는 그리 좋은 징조가 아니다. 계속되는 것은 반드시 변하게 되는 것이 세상의 이치다. 요점은 좋든 나쁘든 같은 일의 반복이다. 이럴 때는 운명 개척에 서둘러야 한다. 어떻게? 사람을 많이 만나고 엉뚱한 구상을 해보면 된다.

운명이 바뀌는
징조가 있다

● 　　　　　　　　　　운명이 바뀌는 것을 미리 아는 방법
은 없을까? 기상청의 일기예보를 통해 날씨를 미리 알듯이 말이다. 날씨를
알면 외출할 때 우산을 가지고 나간다든지 체육대회를 연다든지 또는 등산
을 하는 등 아주 편리하다. 만약 운명을 미리 알 수 있다면 날씨를 아는 것
보다 훨씬 편리하지 않을까!

　주역에서는 이를 징조라고 하는 바, 미래의 일은 현재의 세계에 징조
를 보이는 경우가 흔하다. 우리는 이 징조를 보고 미래를 어느 정도 가늠할
수 있다.

우리 주변에서 수많은 징조가 자주 출현하여 미래를 예고한 예를 찾아볼

수 있다. 조선시대 서산대사는 세상의 징후를 살펴 임진왜란이 일어날 것을 예언했었는데, 일반인도 그러한 징후를 종종 겪는 일이 있다. 특히 큰 불운을 당하고서야 사전에 불길한 징조가 나타났던 것을 깨닫고 후회하는 경우가 있다. "그때 진작 알았어야 했는데" 또는 "어쩐지 이상하더라", "그때 그것이 바로 징조였는데" 하면서 말이다. 누구나 한번쯤 이런 일들을 겪어봤을 것이다. 이렇듯 미래의 전조가 나타나는 일은 얼마든지 있다.

징조를 보고 미래를 예측하는 일은 전문가의 영역이지만, 쉽게 미래를 알 수 있는 방법이 있다. 물론 족집게처럼 미래를 알아내기는 힘들다. 단지 일의 대강 정도, 그저 무엇인가 새로운 운명이 올 것이라는 정도는 누구나 알 수 있다. 그 방법을 소개하고자 한다.

언제 운명이 바뀌는가? 그것은 간단하다. 오래 알고 지내던 사람과 헤어지게 되면 거의 모두 새로운 운명이 생기게 된다. 그러므로 사람과 헤어지면 고통에만 빠지지 말고 새로운 운명을 맞이할 준비를 해두어도 된다. 괴로운 일이지만 이혼을 했거나 오래된 친구와 헤어졌을 때를 잘 생각해보라. 운명이 바뀌지 않았는가! 분명히 그랬던 경험이 떠오를 것이다. 나의 경우는 그런 기억이 아주 많다. 이는 자연의 원리다.

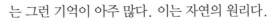

뇌수해

사람과 헤어지면 운명도 바뀐다는 것, 이는 주역의 괘상으로 뇌수해(雷水解)에 해당한다. 이 괘상은 얽힘에서 풀려 새로움으로 나아간다는 뜻인데, 얽힘은 바로 사람을 의미한다. 운명은 사람과 함께 와서 사람과 함께 가는 것이다. 물론 좋아진다거나 나빠진다고 말하는 것은 아니다. 그저 변화한다는 것을 이야기할 뿐이다.

　이는 운명의 수많은 법칙 중 하나인데, 우리는 이를 활용하여 어느 정도 운명을 예측하면서 살아갈 수 있다. 새로운 사람과의 만남도 운명을 바꾸기는 하지만 헤어짐만큼 크지는 않다. 헤어짐은 오래된 사람과 생기는 일이기 때문에 변화가 뚜렷하다. 하지만 새로운 사람과 만났을 때는 오랜 세월을 두고 봐야 알 수 있다.

여기서는 헤어짐에 대해서만 주목하자. 어떤 사람은 어느 누군가와 헤어짐으로써 인생이 완전히 망가지는 경우가 있다. 반면 어떤 사람과 헤어짐으로써 새로운 행운을 맞이하기도 한다. 헤어짐의 대상은 착한 사람이거나 나쁜 사람이거나 상관없다. 대개는 착한 사람과 헤어지게 되면 운명이 나빠지는 경우가 많지만, 반드시 그런 것만은 아니다.

　분명한 것은 사람과 헤어지면 운명이 바뀐다는 것이다. 예를 들어 멀리 고향을 떠나 새로운 운명을 개척하는 경우가 있는데, 이는 알던 사람과 일시적으로나마 헤어졌기 때문에 효과가 있다. 여러분이 만약 현재의 삶이 지루하고 만사가 귀찮아서 살기 싫어진다면, 자살을 생각하기 전에 알던 사람을 싹 바꿔보라. 그러면 반드시 운명이 바뀔 것이다. 다만, 바뀔 뿐이라는 것이지 더 좋아진다는 것은 절대 아니다.

일부러 그런 것이 아닌데 어쩔 수 없이 사람이 내게서 떠나가면 이 역시 어쩔 수 없이 운명이 분명히 바뀐다. 일부러 해도 마찬가지다. 사람과 헤어지는 것은 운명을 바꾸는 한 방법이다. 그러나 나 좋으려고 남의 운명을 나쁘게 만든다면 이는 좀 생각해봐야 하지 않을까? 물론 헤어져서 둘 다 좋아질 것 같으면 망설일 필요 없이 좋은 운명을 향해 가는 것이 당연하다.

이혼의 경우 헤어져서 둘 다 망하는 경우도 있는데, 이때는 다시 만나봐도 좋다. 그러나 이혼해서 서로 잘되었다면 전화 한 통화라도 조심해야 한다. 오래된 친지와 헤어진 경우도 완전히 마찬가지다. 그러니 운명이 너무 나쁘면 내가 아는 사람 중에서 가장 나쁜 놈과 거래를 끊어라. 그리하면 운명이 좋게 바뀔 수도 있는 법이다.

헤어짐이란 청소와도 같은 개념이다. 주변 정리라고 해도 된다. 여자는 삶의 속성상 주변 정리를 통해 운명을 개척하는 것이 남자보다 훨씬 쉽다. 남자의 경우는 특별히 나쁜 놈이 아니면 헤어지는 것이 대체로 해롭다.

주역의 괘상 뇌수해는 헤어짐 또는 수술해서 해결한다는 뜻이 있는바, 헤어짐이 곧 수술이다. 수술은 병을 치료하는 강력한 수단이다. 하지만 위험한 수술, 즉 헤어져서는 절대 안 되는 사람도 있는 법이다.

내 꿈은
성취될 것인가?

내 미래의 시나리오를 써보자

　　　　　　　　　　　　　미래를 예측한다는 것이 그토록 어려
운 일만은 아니다. 즉, 전문가가 아니어도 할 수 있다는 뜻이다. 사람은 많
은 꿈을 꾸며 살아가는데, 그 꿈이 이루어질 것을 좀더 간단히 아는 방법이
있다. 인생 이야기는 무수히 많지만 그것들은 사실 한 가지 공통점이 있기
때문이다.

　　인생이란 지나고 보면 하나의 역사가 되고, 그것은 마치 소설처럼 꾸
며져 있다. 재미가 있고 없고는 따지지 말자. 인생은 분명 소설과 같다. 하
지만 자세히 보면 소설과 실제는 다른 면이 있다. 그럴듯하다는 것인데,
인생은 기묘할지라도 그것을 듣고 보면 현실성이 분명히 있다. 모든 인생
의 공통점이 바로 이것이다. 현실적이라는 것, 들어봐서 그럴 듯한 것, 있

을 수 있는 것 등이 인생의 참모습인 것이다.

소설은 그럴듯한 거짓말이라고 흔히 말하는데, 잘 씌어진 소설은 실제 인생과 구분하기 어렵다. 언젠가 TV 프로그램 중에 꾸며댄 이야기와 실제 있었던 일을 보여주고 진위 여부를 묻는 것이 있었다. 그럴듯한 것을 찾는 게임이었는데, 이는 재미를 떠나 아주 중요한 미래예측 방법을 제공하고 있다.

우리는 미래를 알고자 한다. 딱 짚어 이야기하기란 불가능하겠지만, 실패할 것이냐 성공할 것이냐를 대강이라도 알고 싶은 것이다. 차분히 생각해보자. 막연하면 안 된다. 예를 들어 내가 부자가 될 것인가를 상상해보자. 주의할 점은 실제 그것이 이루어질 것이냐 아니냐를 묻기 전에 스스로 부자가 되는 시나리오를 그럴 듯하게 짜보라는 것이다.

복권이 당첨되어 부자가 된다는 것은 그럴듯하지만 너무 막연하다. 이런 것 말고 구체적으로 이러이러해서 나는 부자가 된다고 상상해보자. 다만, 아주 그럴듯해야 한다. 아무 이야기나 막 엮어댄다면 그럴듯하지 않다.

예를 들어 이런 식이다. 갑자기 내가 국회의원이 되어 많은 뇌물을 받아서 부자가 된다! 이것은 그럴듯한가? 내가 분식점을 하는데 하루에 손님이 만명씩 들어와 부자가 된다는 시나리오는 어떨까? 이는 그럴듯한 것을 떠나서 아예 불가능해 보인다. 이런 것 말고 가능한 시나리오를 써보라. 현재의 자신으로부터 시작하여 점점 변화되어 마침내 부자가 된다는 이야기 말이다. 소설을 쓴다고 생각하고 그럴듯한 스토리를 만들어야 한다.

내가 아는 어떤 재벌의 이야기를 예로 들어본다. A는 이북에서 피난을 나와 남대문시장 거리에서 광목 장사를 했다. 이것이 잘되어 자그마한 가게 하나를 얻을 수 있었다. 남대문시장이라서 장사는 계속 잘되었다. A는 거기서 번 돈으로 사채놀이를 했다. 공장 노동자로부터 이자를 붙여 전표를 사는 일이었다.

이 일이 점차 커졌는데, 여기서 번 돈으로 틈틈이 논밭을 샀다. 땅을 일구는 게 취미였기 때문이다. 부동산 투기가 아니라 값싼 땅을 사서 실제로 농사를 지은 것이다. 취미로 말이다. 그러던 어느 날 땅값이 점점 오르더니 이로써 갑자기 부자가 되었다. 이 돈으로 자그마한 증권회사를 만들었다. 이것마저 잘되어 마침내 재벌이 되었다.

이 이야기가 그럴듯한가? 매번 행운이 따랐지만 가능성은 충분히 있는 이야기다. A는 실제 인물로, 방금 이야기한 방식으로 재벌이 되었다.

우리 같은 평범한 사람들의 경우를 생각해보자. 월급을 받는다. 이것을 열심히 모아 큰돈을 만든다. 이 돈으로 주식에 투자했더니 10배로 불어났다. 이 돈으로 사업을 했는데 대박이 터졌다. 어떤가? 그럴듯한 시나리오인가? 그럴듯하지 않다. 허술하기 짝이 없다. 주식투자가 그토록 쉽던가? 무슨 사업인데 대박이 터지느냐 말이다.

좀더 그럴듯한 이야기를 꾸며보자. 잘 안 된다고? 그렇다면 당신은 꿈을 이룰 수가 없다. 아니, 미래를 알 길이 없다. 알 길 없는 것은 대체로 잘 안 되게 되어 있다.

한 가지 예를 더 들어보자. 어떤 사람을 알게 되었다. 그 사람이 어느 날 큰돈을 내게 투자했는데 사업이 성공한다. 이로써 부자가 된다. 그럴듯한 가? 틀렸다. 어느 미친 놈이 큰돈을 내게 투자한단 말인가! 큰돈 있는 사람은 똑똑한 법인데, 나는 도대체 얼마나 똑똑하냔 말이다. 똑똑하지는 않지만 내가 매력이 있어서…. 그래? 얼마나 매력이 있는데? 여기서 꿈을 깨야한다. 매력 있다고 돈을 투자하나? 그냥 준다고? 그만 이야기하자.

여기서 결론을 내자. 꿈이 있다면 그것을 구체화해보라. 그리고 그것이 어떻게 성공할지 소설처럼 꾸며보라. 그럴듯하면 가능성은 있는 것이다. 자신의 꿈을 구체화시키지도 못하고 그럴듯한 시나리오도 못 쓴다면 어떻게 꿈을 이룰 수 있으랴! 개꿈은 접어야 한다. 미래를 좀더 확실히 아는 방법은 이것이다. 그럴듯한 소설을 써보고 거기에 자신을 주인공으로 등장시켜 그럴듯하면 이는 미래를 예측한 것이다. 어디 예측뿐이겠는가! 그렇게 될 가능성이 아주 많다.

274

하다안되면
그만두어라

한 우물만 파는 것은 여지일 뿐

● 　　　　　　　　　미래는 누가 갖다 주는 것이 결코 아
니다. 내가 만들어가야 하는 것이다. 행운을 기대하기에 앞서 이런 생각
을 마음 속 깊이 새겨두어야 한다. 운명은 몽롱한 가운데 찾아오는 게 아니
다. 내가 정신을 똑똑히 차리고 있어야 한다. 세상의 일을 얼렁뚱땅 넘어
갈 수는 없다. 운명이든 사업이든 제대로 해야 성공할 수 있는 법이다.

어떤 사람들은 일을 힘들여 하지 않고 대충 하면서 운명을 탓한다. 이
런 사람은 자세를 고치면 반드시 나아지게 되어 있다. 그런데 일을 제대로
해도 도무지 풀리지 않는 사람이 있다. 지독하게 파고드는데도 결과가 나
타나지 않는 것이다. 운이 나쁘다고 할 수밖에 없는데, 방법이 없는 것은
아니다.

우선 평범하게 생각해보자. 해병대에서 흔히 쓰는 말로 '안 되면 되게 하라'는 구호가 있다. 이는 안 되면 더욱 애를 쓰면서 끝까지 달려들라는 말이다. 죽도록 하라는 뜻이다. 군인들이 하는 일은 이렇게 하면 대개 성공하게 되어 있다. 훈련의 목적이 바로 이것이다. 혼신의 힘을 다하는 것, 정신을 철두철미하게 단련하는 것이다. 이는 물론 성공 확률을 분명히 높이는 것으로, 사회생활도 이렇게 하면 많은 성취를 이룰 수 있다.

하지만 안 되는 사람도 있으니 이때는 어찌해야 하는가. 여기에 집중하자. 인생 또는 운명이 제자리걸음인 사람을 풀어보자는 것이다. 이 사람은 왜 안 풀릴까? 그것은 열심히 하지 않아서가 아니다. 제자리걸음을 하기 때문이다. 이게 무슨 말인가! 한 가지 일만 파고든다는 뜻이다.

내가 아는 어떤 사람은 칼을 갈아 날을 세워주는 직업을 갖고 있는데 30년 동안 그 일을 계속하고 있다. 이것으로 운명이 얼마나 개선될 수 있을까? 옛말에 이런 것이 있다. '우물을 파도 한 우물을 파라'고. 하지만 그렇지 않다. 한 우물만 파는 것은 어리석은 억지다. 해병대의 구호는 될 만한 일에 대해 최선을 다하라는 것이다. 공자는 이렇게 말했다. "하다 안 되면 그만두어라[不可則止]."

이는 성인의 가르침이니 깊게 새겨두어야 할 것이다. 할 만큼 했는데도 안 되면 그것은 운명이라고 봐야 한다. 하늘이 완결시켜주지 않는 일에 매달리는 것은 성실도 근면도 아니다. 공연히 세월만 낭비하는 일이다. 세상에 수많은 사람이 이런 식으로 실패해왔다. 그만두지 못하는 것. 나는 이런 사람을 수없이 봐왔는데, 이것은 운명이 병들어 있는 것이다.

치료 방법이 있는지 살펴보자. 그런데 약간 속된 표현을 해야겠다. 아마 많은 사람이 알고 있을 것이다. '오리지날(original)'이란 말이 있다. 영어인데 '원래의', '독창적인' 등의 뜻이다. 이것을 다음처럼 재미있게 사용하기도 한다. '오리도 지랄하면 날 수 있다.'

　웃자고 하는 말이지만 이 말은 상당히 의미가 있다. 이것저것 해보면 되는 것이 있다는 뜻인 것이다. 그저 다양하게 하라는 뜻이 아니라 낱낱의 일을 필사적으로 해야 한다는 의미다.

　나는 애써 달려들었던 일이 참으로 많았다. 물론 실패했다. 99% 실패가 아니라 100% 실패했다. 그래도 나는 또다른 일을 찾아 나섰다. 나의 집념을 이야기하는 것도 아니고 부지런함을 이야기하는 것도 아니다. 여러 가지 일을 겁없이, 끊임없이 달려드는 행위 자체를 말한다. 어느 때는 여러 가지 일을 동시에 해보기도 했다. 그중에 무엇이든 성공하는 것이 있는가를 보려고. 그야말로 '오리의 지랄'이었다. 결과는 아직 봐야겠지만 나는 오리짓을 계속 할 생각이다.

진위뢰

주역의 괘상으로 이런 행위를 **진위뢰(震爲雷)**라고 하는 바, 이 괘상의 뜻은 흔들어서 성취한다는 의미다. 이 나무 저 나무 흔들어본다는 뜻으로, 그리하면 성공하지 못할 것이 없다는 성인의 가르침이다. 자연의 섭리는 반드시 정조준하는 것이 아니다. 천지를 진동시켜 되는 것을 되게 할 뿐이다.

이렇게 해서 잘되는 것이 있으면 그때 가서 더욱 집중하면 된다. 한 우물을 파라는 옛말은 너무 자주 필요 없이 바꾸지 말라는 뜻일 뿐이다. 이 말은 결과를 좀더 기다려보라는 뜻으로, 용두사미(龍頭蛇尾)가 되지 말라는 것이다. 그러나 안 되는 줄 알면서 고집을 피워서는 안 된다. 이 나무 저 나무를 흔들어 열매가 떨어지는가를 열심히 찾아다녀야 한다.

내가 아는 어떤 사람은 대학에서 외국어를 전공한 심약한 사람이었다. 그런데 오랜 세월을 지나고 보니 수조원을 다루는 사업가가 되어 있었다. 이것저것 해보다가 그 일이 되는 듯해서 달려든 결과다. 미래는 처음부터 계획했다고 딱 들어맞는 것은 아니다. 자칫하면 계획이 자기를 옭아매는 치명적 장애가 될 수도 있다.

괘상 진위뢰가 가르치는 바는 지치지 않는 행동력이다. 생각을 많이 하지 말고 부딪쳐보라. 미리 겁먹거나 지나치게 생각하는 것은 위험하다. 대자연계의 생물들은 계획 없이 진화해왔다. 인간도 진화의 산물이거니와 그 원동력은 내면의 진동이었다. 진동이란 어떤 곳으로든 향할 준비가 되어 있다는 뜻이다. 옛 성인은 이렇게 말했다. "쉬지 않으면 마침내 이루어지리라."

흔들어서 침체된 것을 떨어내야 한다. 속된 말로 항상 발동을 걸어놓아야 한다. 사람이 늘어지면 운명도 늘어지는 법이다. 생동하는 사람이 되어야 한다.

지나치게 바쁜 사람은 식물인간이다

● 이 장에서는 다소 형편이 좋은 사람을 이야기하려고 한다. 직장이 튼튼하다거나 사업거리를 잘 잡은 사람들말이다. 이런 사람들은 근면하게 제 자리만 잘 지키면 일이 수월하게 풀려나갈 것이다. 세월이 갈수록 업적도 쌓여간다. 아쉬움이 없는 사람이다. 여러분들은 현재 이런 사람인가? 웬만하면 다 이런 부류에 속할 것이다. 너무 세밀하게 따지지는 말자.

여기 어떤 사람이 있다. 이 사람은 근면하고 능력이 있어서 항상 바쁘다. 아주 바쁘다. 그래서 이 사람은 인생에 후회가 없고 하루하루 보람을 느낀다. 생산적인 일에 매진하고 있기 때문이다. 오늘날 사회는 이런 사람이 되라고 외치고, 각자 이 사람을 인생의 롤모델로 삼을 정도이다.

수화기제

완벽하게 잘 짜여서 몹시 바쁜 사람! 이런 사람을 주역의 괘상으로는 **수화기제(水火旣濟)**라고 표현한다. 제목 그대로 완성된 사람이다. 세상일이 이처럼 될 수 있으면 얼마나 좋으랴! 그러나 잠깐 생각해볼 것이 있다. 주역의 괘상을 가지고 설명하자. 이것 말고는 다른 방법이 없기 때문이다.

괘상 수화기제에는 완성 외에 깊은 뜻이 담겨 있다. 아쉽게도 더 이상 발전이 없다는 뜻이다. 그냥 그대로가 아니다. 반드시 망가진다는 뜻이다. 수화기제는 정확히 이런 뜻이다. 꽉 짜여서 더 나아갈 수 없고, 마침내 파국에 이른다…. 이 괘상은 재앙을 예고하고 있는 것이다. 사람이 바빠서 여유가 없으면 이는 확실히 위험하다.

중요한 것은 여유다. 주역에 **"궁한즉 변한다[窮則變]"**는 말이 있는데 완성 뒤에는 위험이 도사리고 있다는 대자연의 섭리를 이야기한 것이다. '다 와서 문턱을 못 넘는다'는 말이 있는데, 바로 이 상황을 가리킨다. 사람은 무슨 일이든 한 곳에 몰두하여 다른 것을 살펴볼 겨를이 없으면 위태로워진다. 또한 인생이 이렇다면 보람이 없게 된다.

지나치게 바쁜 사람은 이미 잘못된 것이다. 이는 사는 것이 아니라 살아지고 있을 뿐이다. 바로 식물인간인 것이다. 식물인간은 병원에만 있는 것이 아니다. 열심히 잘 사는 사람 중에도 식물인간이 있다.

내가 아는 사람 이야기를 하자. 이 사람은 여자이고 노인이다. 청량리 사거리에서 좌판을 펼쳐놓고 장사를 하는데, 하루 50만원 정도를 번다. 하루 수입이 50만원이면 서민으로서는 아주 바람직하다. 이 할머니는 사는 데 불만이 없다. 매일 그 자리에 나와서 물건을 팔면 잘 때쯤 50만원이 생기는 것이다. 이것이 재미있어서 신이 날 지경이다.

그런데 문제가 있다. 이 할머니는 하루를 나오면 50만원을 벌지만 집에서 하루를 쉬면 50만원이 손해라는 생각에 잠겨 있다. 그래서 휴일도 없이 명절도 없이 몸이 불편해도 매일 나온다. 마치 그곳 좌판에 묶여서 감옥살이를 하는 것과도 같다. 인생이 이래도 좋은가! 식물인간이 따로 없다. 자식들 대학 보내는 즐거움이야 있겠지만 이 할머니의 인생은 무엇이란 말인가! 인생에 사용할 자유가 없는 것이다. 식물과 다를 바 없다. 청량리 사거리에 서 있는 한 그루 나무! 인생이 이렇게 살다가 끝나는 것이다. 할머니는 그 일을 아예 그만두든가 쉬는 날을 넉넉히 정해야 한다.

나는 이 할머니 외에도 하루하루가 할 일로 가득 차 있는 사람들을 적지 않게 봐왔고, 현재도 보고 있는데, 그 사람들에게 자주 말해주곤 한다. "당신은 머지않아 좋지 않은 일이 반드시 닥쳐올 것입니다"라고. 실제로 그런 일이 많았다. 아니, 모두 그랬다. 지나치게 부지런한 것은 자랑거리는커녕 죄악이 되고 만다.

인생은 자유로워야 한다고 이미 앞에서 말했다. 지나치게 꽉 짜여진 계획표는 인생을 파탄으로 끌고 갈 것이다. 우리 인생은 여유를 갖기 위해서 열심히 사는 것임을 절대 잊어서는 안 된다. 인생에 자유로운 시간보다 더 좋은 보물은 있을 수 없다.

운명을 기다리는 태도

이 책을 마무리할 때가 온 것 같다. 마지막으로 아껴둔 말을 해야겠다. 사람은 노력하면서 또한 운명을 기다리면서 살아간다. 각자 수많은 생각과 태도를 가지고 있겠지만, 한 가지 반드시 갖추어야 할 태도가 있다. 오로지 한 가지! 놓쳐서는 절대 안 되는 한 가지가 있는 것이다. 그것은 무엇일까?

다소 어렵게 들릴지 모르지만, 인생에서 운명을 기다리는 태도는 자기 존재를 하늘에 노출시키는 것이다. 하늘은 모든 것을 알고 있는데 노출시킬 것이 또 있단 말인가? 하늘의 입장을 논하지 말라. 내 자신의 태도를 말하고 있는 중이다. 나는 내 자신의 실체를 파악하고 있는가? 분명 대충 얼버무리면서 지낼 것이다. 이것은 아주 나쁜 태도이다. 내 자신의 실체를 아주 단순하게 파악해야 한다.

사람들은 보통 자신을 스스로에게 숨기며 산다. 이를 두고 하늘에게 자신을 감춘다고 한다. 이와 반대로 하늘에 대한 자기 노출은 있는 그대로 진실하게 자신을 하늘에 드러낸다는 뜻이다.

사람은 누구나 자기의 존재가치를 과장되게 느끼는 경향이 있다. 자신이 그저 보통 사람이라고 생각하지 않는 것이다. 대부분의 사람들은 나는 세상의 주인공이며, 내게는 반드시 남아 있는 행운이 있을 것이며, 나는 선한 사람이라는 생각 등으로 가득 차 있다. 이는 자신을 감추는 행위와 다르지 않다.

자신을 완전히 까발리는 것. 물론 하늘에다 하는 것이니 체면 구길 일은 없다. 다만 무서울 수는 있다. '나의 존재가 고작 이런 존재라니…' 하고 무력감을 느낄 수도 있다. 하지만 하늘 앞에 진정한 모습을 보여야 한다. 이것을 주역의 괘상으로 천택리(天澤履,䷉)로 표현하는데, 이 괘상은 하늘로부터 기운을 받는다는 뜻이며 또한 하늘에 노출되어 있다는 의미다. 또다른 뜻으로는 하늘을 경건히 받든다, 뒤따라간다 등이 있다.

　하늘에의 노출은 어린아이가 엄마에게 자신의 모습을 그대로 보이는 것과 같다. 그래야 보호를 받을 수 있지 않겠는가! 하늘에의 노출은 하늘의 기운을 받아들이는 태도와 다르지 않다. '나는 이런 사람이다'라고 하늘에 고하는 것도 아니고, 하늘에 동정을 바라는 뜻도 아니다. 오만을 피하는 뜻일 뿐이다.

'나는 잘났다'라는 생각은 실은 하늘에 나를 감추었기 때문에 일어나는 망상이다. 나를 하늘에 노출시키고 하늘이 보는 것을 나도 본다면 오만이라든가 망상 같은 것은 있을 수 없다. 굳이 남과 자신을 비교하라는 것도 아니다. 비교도 실은 내가 하는 짓이므로 하늘을 속이는 행위다. 사람은 대개 공연히 나서기 때문에 오히려 하늘로부터 순번이 밀려나게 된다. 그러지 말고 나 자신을 그냥 그대로 놔두면 그만이다. 각색을 할 필요도 없고 공연히 어떤 느낌을 덧입힐 필요도 없다. 무심히 하늘에 내맡기면 된다.

그리하면 나의 삶은 하늘과 함께하는 삶이 된다. 그렇다고 하늘로부터 혜택을 받는다는 뜻이 아니다. 진실되게 산다는 것인데, 이렇게 되면 하늘로부터 공정한 대우를 받게 되는 것뿐이다.

있는 그대로 살라는 뜻인데, 스스로에게나 남에게 과장이나 착각을 갖게 해서는 절대 안 된다. 하늘 아래 평화롭게 노출되어 있는 호수를 바라보라. 그것이 노출이다. 하늘에 노출한다는 것은 수도인들이 명상을 할 때의 태도인데, 그로써 천지와 더불어 하나가 되는 것이다. 하늘과 나 사이에 내 감정이나 부당한 요구 없이 칸막이를 걷어낸다면 하늘의 섭리가 내게 보다 쉽게 내려올 수 있는 법이다.

개념이 잘 안 잡힐 수도 있을 것이다. '자연스럽게'라고 표현하면 어떨

까? 남에게 자연스러워야 하듯 스스로에게 자연스러워야 하며, 하늘에게
도 자연스러워야 하는 것이다. 자연스럽다는 것은 드넓다는 뜻도 있다. 애
써 자기를 꾸미지 않으니 온 세상과 내가 더욱 친할 수 있는 것이다.

이해가 잘 안 되면 그저 하늘 아래 연못을 떠올려보자. 연못이 무슨 짓
을 하던가! 어린아이가 엄마 품에 안겨 있을 때 거기에 무슨 꾸밈이 있겠는
가! 운명을 기다리는 태도는 기다림조차 없는 그저 자연스러움뿐이다.

막상 마무리하자니 더 많은 이야기를 못 한 것이 아쉽다. 하지만 잘 음미하
면 이심전심으로 전해지는 내용도 있을 것이다. 나는 독자 여러분이 그 누
구보다도 행복하기를 바랄 뿐이다.

초운(草雲) 김승호

하루에 하나씩 바꾸는 생각과 행동

운명수업

글쓴이 ㅣ 김승호
펴낸이 ㅣ 유재영
펴낸곳 ㅣ 동학사
기 획 ㅣ 이화진
편 집 ㅣ 나진이
디자인 ㅣ 임수미

1판 1쇄 ㅣ 2016년 1월 5일
1판 3쇄 ㅣ 2016년 2월 5일

출판등록 ㅣ 1987년 11월 27일 제10-149

주 소 ㅣ 04083 서울 마포구 토정로 53(합정동)
전 화 ㅣ 324-6130, 324-6131
팩 스 ㅣ 324-6135
E-메일 ㅣ dhsbook@hanmail.net
홈페이지 ㅣ www.donghaksa.co.kr
www.green-home.co.kr

ⓒ 김승호, 2016

ISBN 978-89-7190-516-6 03320